Siarad
Gyda'n
Gilydd

Mae **Elaine Weitzman** yn therapydd iaith a lleferydd ac yn Gyfarwyddwr Gweithredol The Hanen Centre – sefydliad elusennol o Ganada a gydnabyddir yn fyd-eang am ei raglenni arloesol sy'n canolbwyntio ar y berthynas rhwng y teulu a datblygiad iaith o'r crud. Ms Weitzman yw cyd-awdur chwe llawlyfr i rieni ac addysgwyr ar sut i hwyluso datblygiad iaith a llythrennedd cynnar plant bach. Mae hi'n gyd-ymchwilydd ar nifer o astudiaethau ar effeithiolrwydd rhaglenni The Hanen Centre, ac mae eu canlyniadau wedi'u cyhoeddi'n helaeth.

Siarad
Gyda'n
Gilydd

**Canllaw
ymarferol i
rieni plant
gydag
oediad
iaith**

Elaine Weitzman

Addasiad Sylvia Prys Jones

Fersiwn Saesneg:

It Takes Two to Talk®
© *Hanen Early Language Program, 2024.*
First published by Hanen Early Language Program in English, 2017.

The Hanen Program®, *The Hanen Centre and Logo*® *and It Takes Two to Talk*® *are*
registered trademarks owned by Hanen Early Language Program, Toronto, Canada.

The Hanen Centre, 1075 Bay Street, Suite 515, Toronto, Ontario, Canada M5S 2B1
Telephone: (+1) 416 921 10 73, www.hanen.org

Fersiwn Cymraeg:

Cyhoeddwyd yn Gymraeg yn 2024 gan CAA Cymru,
Adeiladau'r Fagwyr, Llanfihangel Genau'r Glyn, Aberystwyth, Ceredigion SY24 5AQ

Mae CAA Cymru yn un o frandiau Atebol Cyfyngedig

© *Hanen Early Language Program, 2024*

Cyhoeddwyd y cyhoeddiad gwreiddiol yn Saesneg gan *The Hanen Early Language Program* yn 2017.

Rhaglen Hanen®. Mae *Hanen Centre* a'r logo® ynghyd â *It Takes Two to Talk* yn nodau masnach
cofrestredig sy'n eiddo i'r *Hanen Early Language Program*, Toronto, Canada

The Hanen Centre, 1075 Bay Street, Suite 515, Toronto, Ontario, Canada M5S 2B1
Ffôn: (+1) 416 921 10 73, www.hanen.org

Addaswyd gan Sylvia Prys Jones
Arlunwaith gan Pat Cupples
Dyluniwyd y gwreiddiol gan Counterpunch / Linda Gustafson, Peter Ross
Dyluniwyd y fersiwn Gymraeg gan Owain Hammonds

Ni chaniateir atgynhyrchu unrhyw ran o'r cyhoeddiad Cymraeg hwn na'i drosglwyddo ar unrhyw ffurf
neu drwy unrhyw fodd, electronig neu fecanyddol gan gynnwys llungopïo, recordio neu drwy gyfrwng
unrhyw system storio ac adfer, heb ganiatâd ysgrifenedig y cyhoeddwr.

ISBN: 978-1-80106-409-5

Cyhoeddwyd ar ran Llywodraeth Cymru gyda chydweithrediad Canolfan Hanen/*The Hanen Centre*®

I therapyddion iaith a lleferydd ar draws y byd

sy'n gwneud cymaint o wahaniaeth i

fywydau plant gydag oediad iaith

a'u teuluoedd.

Cynnwys

Rhagair

Croeso i *Siarad Gyda'n Gilydd*! Os ydych chi wedi cydio yn y llyfr hwn, mae'n debyg eich bod chi'n meddwl o ddifrif am ddatblygiad lleferydd ac iaith plentyn ifanc pwysig yn eich bywyd. Mae'n bosib eich bod chi hefyd yn poeni am y plentyn hwnnw, yn meddwl efallai tybed pam nad yw ef neu hi yn datblygu sgiliau cyfathrebu mor gyflym â'r disgwyl, a sut y gallech chi ei helpu i symud ymlaen yn y maes yna. Mae gennych y llyfr iawn yn eich dwylo!

Mae *Siarad Gyda'n Gilydd* yn llyfr ar gyfer rhieni a gofalwyr plant ifanc sydd angen cymorth ychwanegol wrth ddatblygu iaith a lleferydd. Mae'n llyfr a fydd yn dysgu i chi sgiliau a strategaethau y gallwch eu defnyddio bob dydd, bron bob tro y byddwch yn cyfathrebu â'ch plentyn. Ysgrifennwyd y llyfr gan arbenigwyr iaith a lleferydd sy'n sylweddoli y gall rhieni, ar sawl ystyr, gyfrannu at ddatblygiad iaith a lleferydd eu plentyn yn well na'r gweithwyr proffesiynol. Ni yw'r bobl sy'n rhan o fywyd bob dydd ein plant ifanc. Rydym yn treulio mwy o amser gyda nhw na'r gweithwyr proffesiynol. Yr hyn y mae'r llyfr hwn yn ei wneud yw rhoi i ni'r strategaethau y mae'r gweithwyr proffesiynol yn eu defnyddio fel y gall ein plant elwa ar gymorth cyson bob dydd dros gyfnod estynedig.

Cymerwch eich amser i ddarllen y llyfr. Mae cymaint i'w ddysgu, ac mae llawer o'r syniadau a'r strategaethau yn cymryd amser i'w hymarfer. Ond wrth i chi eu hymarfer, bydd eich plentyn yn elwa. Byddwch yn barod i ryngweithio â'ch plentyn mewn ffyrdd newydd, gan wylio ystumiau eu corff a'u hwyneb yn ofalus a dilyn eu harweiniad. Fel llawer o bethau mewn bywyd, po fwyaf y byddwch chi'n ymroi i weithio gyda'r rhaglen *Siarad Gyda'n Gilydd*, mwyaf i gyd y byddwch chi a'ch plentyn yn elwa arni. Dyw hi ddim yn rhaglen anodd. Dim ond ychydig o amser ac ymarfer sydd ei angen.

Does dim angen i chi deimlo'n unig os oes gennych blentyn sydd ar ei hôl hi wrth ddatblygu iaith a lleferydd. Ysgrifennwyd y llyfr hwn oherwydd bod yna lawer iawn o blant sydd yn yr un sefyllfa, am wahanol resymau. Bydd y llyfr hwn yn eich helpu chi a, thrwy hynny, yn helpu eich plentyn. Bydd yn gyffrous, a bydd yn rhyfeddol. Dathlwch yr holl gamau bach, oherwydd gyda'i gilydd maen nhw'n golygu bod eich plentyn yn symud ymlaen. Mae eich plentyn yn ffodus oherwydd eich bod wedi cymryd amser i godi'r llyfr hwn a dysgu ohono. Rydych chi eisiau cefnogi'ch plentyn, a bydd y llyfr yma yn eich helpu chi i wneud hynny. Mwynhewch y darllen ac, yn bwysicach fyth, mwynhewch gyfathrebu â'ch plentyn!

Anne Marie
Rhiant *Siarad Gyda'n Gilydd*

Diolchiadau

Yn y 1970au cynnar, roedd Ayala Manolson newydd gymhwyso fel therapydd iaith a lleferydd. Penderfynodd ymwrthod â'r drefn o ddarparu therapi uniongyrchol unwaith yr wythnos i blant ag oedi datblygiadol. Ar ôl cael ei hysbrydoli gan waith Dr Jim McDonald, penderfynodd yn lle hynny, addysgu rhieni'r plant, gan gynnig y Rhaglen Rhieni Hanen gyntaf yn 1975. Yn y blynyddoedd cynnar hynny, câi'r rhaglenni eu cynnig trwy adrannau addysg barhaus byrddau ysgol ardal Montreal. Defnyddiodd Ayala arian ar ôl ei theulu i gyllido'r Ganolfan Hanen wreiddiol, sydd â'i henw yn dod o gyfenw Ayala cyn priodi. Ymgartrefodd y ganolfan ym Mhrifysgol McGill, Montreal, cyn symud i Toronto yn 1980. Ar ddiwedd y 1970au, yn dilyn llu o geisiadau, dechreuodd Ayala y gweithdai hyfforddi cyntaf i ddysgu therapyddion iaith a lleferydd sut i gynnwys rhieni yn y gwaith. Trwy ei hysbrydoliaeth hi, daeth tro syfrdanol ar fyd ym maes ymyriadau iaith cynnar, gan ysgogi miloedd o therapyddion iaith a lleferydd i newid o ddarparu therapi uniongyrchol i ddarparu therapi anuniongyrchol trwy fod yn gyfryngwyr, yn hyfforddwyr ac yn arweinwyr i rieni. Mae ymchwil ar ymyriadau iaith cynnar sy'n cael eu cyflwyno gan rieni wedi profi bod y dull yma yr un mor effeithiol neu'n fwy effeithiol na therapi iaith a lleferydd uniongyrchol. Yr un mor bwysig, mae rhoi'r gwaith yn nwylo rhieni wedi grymuso rhieni i helpu eu plant eu hunain ac i wneud ymyriadau yn rhan gyson o fywyd bob dydd. Mae arnom ni yng Nghanolfan Hanen, a'r miloedd o weithwyr proffesiynol, rhieni a gofalwyr sydd wedi elwa o weithdai, rhaglenni ac adnoddau Hanen, ddyled fawr i Ayala am ei gweledigaeth a'i phenderfyniad i ddod o hyd i ffordd well o ddarparu ymyriadau iaith cynnar i blant ifanc ag oedi iaith.

Hoffwn ddiolch hefyd i Dr Luigi Girolametto, a fu'n gweithio gydag Ayala ym mlynyddoedd cynnar Canolfan Hanen ac a wnaeth gyfraniadau sylweddol i gynnwys y rhaglen ar sail y llenyddiaeth ddiweddaraf yn y maes. Bu hefyd yn ymchwilio i effeithiolrwydd Rhaglenni Hanen dros nifer o flynyddoedd, fel myfyriwr PhD ym Mhrifysgol McGill ac fel athro yn yr Adran Patholeg Lleferydd ym Mhrifysgol Toronto. Yn sgil ei waith ymchwil trwyadl gwnaed diwygiadau pwysig i'r rhaglenni a sicrhaodd ein bod yn cynnig rhaglenni seiliedig ar dystiolaeth. Gan ei fod ar fin ymddeol yn y dyfodol agos iawn, ar ôl cael gyrfa wych, dymunwn y gorau iddo.

Rwy'n ffodus i weithio gyda grŵp anhygoel o bobl sy'n ei gwneud hi'n bosibl i Ganolfan Hanen barhau i dyfu ac ehangu er mwyn cyrraedd rhieni, addysgwyr a gweithwyr proffesiynol ledled y byd. Bu llawer o aelodau tîm Hanen yn cydweithio ar y prosiect hwn er mwyn cael y maen i'r wal. Diolch yn arbennig i ddau ffrind da sy'n gydweithwyr ac yn glinigwyr anhygoel, Cindy Earle ac Anne McDade, a adolygodd rannau o'r testun drafft a darparu adborth amhrisiadwy, hyd yn oed pan nad oedd ganddynt amser (Cindy) ac yn gallu defnyddio un llaw yn unig (Anne)! Diolch yn arbennig i ddau gydweithiwr arall, Brittany DaSilva a Tamara Stein, therapyddion iaith a lleferydd ifanc dawnus, sy'n fy helpu i adolygu'r rhaglen 'It Takes Two to Talk'® ac a wnaeth waith mor wych ar y siartiau newydd ar Gyfnodau Cyfathrebu a Thargedau Cyfathrebu ym Mhennod 1. Maen nhw hefyd wedi prawfddarllen yr holl benodau. Mae gweithio gyda'r ddau glinigwr yma wedi arwain at gynnyrch llawer gwell, ac rwy'n gobeithio y bydd yn ddefnyddiol iawn i deuluoedd a gweithwyr proffesiynol. Rwyf hefyd yn ddiolchgar iawn i dri o'n hyfforddwyr, Amy Witt (UDA), Abi Bearn (DU) a Megan Wiigs (Toronto), a roddodd adborth munud olaf ar rannau o'r drafft o fewn cyfnod amser byr iawn, ac sydd wedi gwella'r fersiwn terfynol o'r arweinlyfr yma yn sylweddol. Mae tîm Hanen yn ffodus o gael pobl mor wych ledled y byd ar ein tîm.

Diolch i'n huwch ddylunydd dawnus, Matt Monaco, sy'n gwneud gwaith arbennig a byth yn cynhyrfu, ac i Daphany Kien, ein dylunydd iau, am eu gwaith rhagorol ar ddylunio'r llyfr a goddef y diwygiadau diddiwedd. A diolch i'n Rheolwr Gwerthiant a Marchnata, Ejona Balashi, a'n cadwodd ar y trywydd iawn, a'i chefnogaeth a'i hiwmor yn ein helpu i gwblhau'r prosiect hwn o fewn terfynau amser. Gwnaeth Kevin Manning, ein hysgrifennwr copi dros dro, waith gwych ar y prawfddarllen cychwynnol. Diolch yn fawr i Goldie Clark, y cynorthwyydd gweinyddol, a ddefnyddiodd ei llygaid barcud i wneud y gwaith prawfddarllen terfynol. Diolch i weddill ein tîm rheoli clinigol, Janice Greenberg a Lisa Drake, ac i Les Turner, Rheolydd, ac Alex Iancovitz, Rheolwr Aelodaeth a TG, pob un ohonynt wedi cyfrannu mewn ffordd bwysig at y prosiect hwn. A diolch i weddill staff Hanen, sy'n gweithio mor galed i'w gwneud hi'n bosibl i ni rannu ein brwdfrydedd dros weithio gyda theuluoedd a gofalwyr gyda miloedd lawer o bobl ledled y byd.

Mae Canolfan Hanen yn ffodus o gael cefnogaeth ac arweiniad Bwrdd Cyfarwyddwyr ymroddedig. Diolch yn fawr i Heather Elbard (Cadeirydd), Sian Burgess, Richard Prupas, Don Buchanan, Nicole Groves, Danielle Shields, Sue Honeyman a Tom Goldthorpe am eu hymroddiad parhaus i Ganolfan Hanen, sy'n cyfrannu mor sylweddol at ein gallu i dyfu ac arloesi.

Diolch i fy nheulu gwych. Mae fy mam, a oedd yn esiampl o ferch oedd yn llwyddo yn ei gyrfa ymhell cyn ei hamser, bob amser wedi fy annog ac yn parhau i gymryd diddordeb byw ym mhopeth a wnaf. Rwy'n ffodus o'm dwy chwaer, Adele a Margie, sy'n cynnig cefnogaeth barhaus ac sydd bob amser yn gwmni hwyliog.

I fy mhlant, Joanne a Kevin, sydd wedi tyfu i fod yn oedolion anhygoel, rwyf wedi dysgu cymaint gennych chi, yn blant ac yn awr yn oedolion. Rydych chi bob amser wedi bod yn gannwyll fy llygaid, ac yn parhau felly. Ac yn olaf, i fy ngŵr, Irvine, sydd wedi gwneud bywyd mor ddiddorol ac wedi sicrhau ein bod bob amser yn neilltuo amser i gael hwyl, mae eich cariad a'ch synnwyr digrifwch gwallgof wedi fy nghadw i fynd ac allwn i ddim bod wedi gwneud hyn hebot ti.

Elaine Weitzman

Cyflwyniad i'r fersiwn Gymraeg

Addasiad yw hwn o lyfr a gyhoeddwyd yn wreiddiol yn Saesneg o dan y teitl *It Takes Two to Talk*. Ers i'r gyfrol weld golau dydd yn gyntaf yn 2004 mae wedi cael ei chyfieithu i nifer o ieithoedd eraill. Heddiw, mae'r mwyafrif o blant ar draws y byd yn cael eu magu mewn teuluoedd neu gymdogaethau lle maen nhw'n clywed mwy nag un iaith ac yn y Gymru amlieithog sydd ohoni mae hyn yn rhywbeth cyffredin. Mae llawer o blant yn dysgu un iaith yn y cartref, ac iaith neu ieithoedd eraill yn nes ymlaen yn y gymdogaeth neu'r ysgol. Gelwir hyn yn ddwyieithrwydd dilyniannol. Mae plant eraill yn dysgu dwy neu fwy o ieithoedd o'u genedigaeth, a'r enw a roddir ar hyn yw dwyieithrwydd cydamserol. Er enghraifft, gallent glywed un iaith gan un rhiant, ac iaith arall gan y llall, neu un iaith gan y rhieni ac iaith arall gan y taid a'r nain. Pan fydd plentyn yn dysgu dwy iaith yr un pryd mae'n digwydd yn aml ei fod yn defnyddio geiriau o'r ddwy iaith, weithiau yn yr un ymadrodd, ond ymhen amser daw i ddefnyddio'r ddwy iaith ar wahân. Mae'n digwydd yn aml fod plentyn sy'n dysgu dwy iaith yr un pryd yn dysgu'r ddwy yn arafach na phe bai'n dysgu un yn unig, ond ymhen amser bydd yn cyrraedd yr un lefel â phlant uniaith, mewn un o'r ieithoedd o leiaf.

Os yw plentyn yn arafach yn caffael iaith na'r hyn sy'n arferol, mae hyn yn cael ei alw'n oediad iaith. Gall plant ag oediad iaith ddysgu mwy nag un iaith, ond maen nhw'n dysgu'r ieithoedd hyn yn arafach na phlant nad oes ganddyn nhw oediad iaith. Mae difrifoldeb yr oediad iaith yn effeithio ar ba mor dda y mae plentyn yn cyfathrebu ym mhob un o'r ieithoedd y mae'n dod i gysylltiad â hi. Fodd bynnag, mae'r cyfleoedd a'r profiadau a gaiff plentyn ym mhob un o'i ieithoedd yn gwneud gwahaniaeth mawr i ba mor dda y mae'n dysgu defnyddio'r iaith honno. Po fwyaf y bydd plentyn yn clywed iaith, a pho fwyaf y bydd yn sgwrsio ag oedolion sy'n siarad yr iaith honno'n rhugl, gorau i gyd fydd meistrolaeth y plentyn ar yr iaith honno.

Weithiau mae rhai rhieni yn ansicr pa iaith i siarad â'u plentyn, yn enwedig os ydyn nhw am siarad iaith nad yw'n cael ei siarad gan fwyafrif y boblogaeth yn y wlad neu'r rhanbarth. Os ydych wedi cydio yn y llyfr hwn, mae'n debygol mai'r Gymraeg yw honno. Efallai y byddwch chi'n meddwl tybed a ddylech chi siarad â'ch plentyn yn Saesneg. Ond fel y nodwyd ar y dechrau, peth naturiol yw dwyieithrwydd ac amlieithrwydd mewn sawl rhan o'r byd, ac nid yw plant yn dysgu un iaith ar draul y llall. Y peth pwysig wrth ddewis iaith neu ieithoedd y cartref yw y dylech allu siarad, canu, darllen a mynegi cariad at eich plentyn mewn iaith rydych chi'n gartrefol ynddi. Os ydych chi'n siarad â'ch plentyn mewn iaith nad ydych chi'n ei medru'n dda, efallai na fydd y sgyrsiau a gewch yn teimlo'n naturiol nac yn gyfforddus. Yn ogystal, mae iaith gyntaf gref yn ei gwneud hi'n llawer haws i'ch plentyn ddysgu ail iaith. Gall fod yn ddefnyddiol trafod hyn gyda therapydd iaith a lleferydd os yw'n destun pryder i chi.

Waeth faint o ieithoedd y mae eich plentyn yn dod i gysylltiad â nhw, bydd yn dysgu orau trwy gyfrwng sgyrsiau pleserus gyda chi a phobl bwysig eraill yn ei fywyd. Bydd y strategaethau a ddisgrifir yn y llyfr hwn yn ei helpu i ddysgu cyfathrebu ym mhob un o'r ieithoedd mae'n ei dysgu.

Mae llawer iawn o adnoddau ar gael i helpu rhieni sy'n magu eu plant ar aelwydydd gydag mwy nag un iaith. Gellir edrych ar wefan y Mudiad Methrin: Cymraeg i Blant (https://meithrin.cymru/cymraeg-i-blant/) a gwefan Oxford Brookes Babylab (https://babylab.brookes.ac.uk/bilingualism). I weithwyr proffesiynol sydd am roi cyngor, gellir darllen am amlieithrwydd ar wefan Llywodraeth Cymru (hwb.gov.wales).

Dysgu mwy ynghylch sut mae eich plentyn yn cyfathrebu

Mae gan y plant hyn rywbeth pwysig i'w ddweud ond dydyn nhw ddim yn gallu mynegi eu hunain cystal nac mor rhwydd â phlant eraill o'r un oed. Efallai fod gennych rywbeth yn gyffredin â rhieni'r plant hyn. Rydych chithau hefyd eisiau'r gorau i'ch plentyn. Rydych chi eisiau helpu eich plentyn i gyfathrebu. Os ydych yn rhiant neu'n gofalu am blentyn nad yw eu hiaith a'u lleferydd yn datblygu yn ôl y disgwyl, *Siarad Gyda'n Gilydd* yw'r llyfr i chi.

Rydych chi eisoes wedi dechrau

Dydy plant ddim yn dysgu siarad ar eu pen eu hunain. Maen nhw'n dysgu cyfathrebu'n raddol wrth iddyn nhw dreulio amser gyda'r bobl bwysig yn eu bywydau, yn enwedig eu rhieni. Rydych chi a'ch plentyn wedi bod yn cyfathrebu ers iddo gael ei eni. Trwy'r cyfathrebu yma, rydych chi wedi datblygu cysylltiad cryf. Os ydych am ei helpu i gyfathrebu hyd eithaf ei allu, y cyfan sydd raid i chi ei wneud yw adeiladu ar y cysylltiad sydd eisoes yn bodoli rhyngoch chi.

Wrth ddarllen *Siarad Gyda'n Gilydd*, byddwch yn dysgu strategaethau syml ond effeithiol i helpu eich plentyn i gyfathrebu'n dda. Cewch weld bod sefyllfaoedd pob dydd fel gwisgo eich plentyn neu ei roi yn y gwely yn adegau delfrydol i ddefnyddio'r strategaethau hyn. Ar ben hynny, cewch weld nad yw gwneud cyfathrebu yn rhan annatod o fywyd pob dydd eich plentyn yn waith caled nac yn straen – i'ch plentyn nac i chithau. A dweud y gwir, bydd yn dod yn rhan naturiol o'r amser byddwch yn ei dreulio gyda'ch gilydd.

Sut a pham mae plant yn cyfathrebu?

Mae cyfathrebu'n cynnwys llawer mwy na siarad. Pryd bynnag y bydd dau berson yn anfon negeseuon o unrhyw fath at ei gilydd – hyd yn oed heb eiriau – maen nhw'n cyfathrebu. Mae babanod yn cyfathrebu ymhell cyn iddyn nhw ddechrau siarad – trwy grio, gwenu, gwneud synau, symud eu cyrff neu estyn am rywbeth. Wrth i blant dyfu, maen nhw'n gadael i chi wybod beth sydd ar eu meddwl mewn ffyrdd eraill, fel ystumiau corff, siarad ac arwyddion. Dysgu mwy am sut mae eich plentyn yn cyfathrebu yw'r cam cyntaf tuag at ei helpu i gyfathrebu'n well.

SUT mae Cai yn cyfathrebu â'i fam? Trwy edrych arni, gwenu a symud ei freichiau a'i goesau.

SUT mae Bryn yn cyfathrebu â'i dad? Mae'n edrych, yn pwyntio ac yn gwneud sŵn.

Mae'n bwysig eich bod yn ymwybodol o sut mae eich plentyn yn cyfathrebu, ond rhaid i chi ystyried hefyd pam mae'n cyfathrebu. Hyd yn oed cyn iddyn nhw ddefnyddio geiriau, mae plant yn cyfathrebu am sawl rheswm gwahanol. Er enghraifft, i ddweud wrthych chi beth maen nhw eisiau neu ddim eisiau, i dynnu eich sylw, i ofyn cwestiynau neu i wneud sylwadau. Wrth i'w gallu i gyfathrebu ddatblygu, maen nhw'n dod yn fwy abl i adael i chi wybod beth sydd ar eu meddwl a beth sy'n bwysig iddyn nhw.

PAM mae Alys yn cyfathrebu?
I ofyn cwestiwn i'w mam.

PAM mae Gwyn yn cyfathrebu?
I wneud sylw am ei dractor.

PAM mae Adam yn cyfathrebu? I ddweud
wrth ei dad nad ydy e eisiau bwyd.

Arwyddion a lluniau

Os yw plentyn yn deall ystyr geiriau, ond yn cael anhawster i ddysgu siarad, gall ddysgu cyfathrebu trwy wneud arwyddion neu bwyntio at luniau yn lle hynny. Trwy gydol y llyfr hwn, pryd bynnag y gwelwch chi gyfeiriadau at blant yn defnyddio neu'n dysgu geiriau, mae hyn yn cynnwys arwyddion neu luniau hefyd. Gall therapydd iaith a lleferydd eich helpu i benderfynu a fydd y dull hwn yn help i'ch plentyn.

Bydd dysgu mwy am sut a pham mae eich plentyn yn cyfathrebu yn eich helpu i weld a chlywed y negeseuon mae'n eu hanfon atoch – hyd yn oed y rhai llai amlwg. Mae'r rhestrau canlynol yn disgrifio **sut** a **pham** mae plant yn cyfathrebu. Rhowch gylch o gwmpas y rhai yr ydych yn sylwi arnyn nhw yn eich plentyn.

SUT mae fy mhlentyn yn cyfathrebu:

★ Crio neu sgrechian ★ Gwenu ★ Symud ei gorff (cicio, gwingo) ★ Newid ystumiau wyneb ★ Gwneud synau ★ Estyn ★ Edrych arnaf i neu ar beth mae eisiau ★ Dynwared synau ★ Gafael yn fy llaw a'm harwain at beth mae eisiau ★ Edrych ar beth mae eisiau ac yna arnaf i ★ Pwyntio at beth mae eisiau ★ Pwyntio i dynnu fy sylw at rywbeth ★ Defnyddio ystumiau corff fel chwifio llaw i ddweud hwyl fawr ★ Defnyddio synau sy'n cynrychioli geiriau ★ Defnyddio geiriau neu arwyddion unigol ★ Cyfuno dau neu fwy o eiriau'r un pryd

PAM mae fy mhlentyn yn cyfathrebu?

★ Am ei fod yn flinedig neu eisiau bwyd ★ Am ei fod yn hapus ★ I ymateb i rywbeth diddorol, fel fy llais ★ I brotestio neu wrthod rhywbeth ★ I gael sylw ★ I ofyn am rywbeth ★ I ddangos/rhoi rhywbeth i mi ★ I ddweud helô/hwyl fawr ★ I ymateb i eraill ★ I dynnu sylw at rywbeth diddorol ★ I ofyn cwestiwn ★ I wneud sylw

Cyfnod cyfathrebu eich plentyn

Mae gallu pob plentyn i gyfathrebu yn datblygu'n raddol dros gyfnod o amser. Yn *Siarad Gyda'n Gilydd* rydym yn rhannu blynyddoedd cynnar cyfathrebu yn bedwar prif gyfnod:

- Mae **Darganfyddwyr** yn adweithio i sut maen nhw'n teimlo ac i'r hyn sy'n digwydd o'u cwmpas ond dydyn nhw ddim yn cyfathrebu â phwrpas penodol mewn golwg
- Mae **Cyfathrebwyr** yn anfon negeseuon penodol heb ddefnyddio geiriau.
- Mae **Defnyddwyr Geiriau Cyntaf** yn defnyddio geiriau unigol (neu arwyddion neu luniau).
- Mae **Cyfunwyr** yn cyfuno geiriau'n frawddegau o ddau neu fwy o eiriau.

Mae plant ag anawsterau cyfathrebu yn symud ymlaen trwy'r un cyfnodau â phlant eraill, ond yn arafach (er hwyrach na fydd pob plentyn yn llwyddo i fynd trwy'r holl gyfnodau).

Wrth i chi ddarllen y disgrifiadau o'r pedwar cyfnod isod, meddyliwch ba un sy'n disgrifio orau sut a pham mae eich plentyn yn cyfathrebu ar hyn o bryd.

Darganfyddwr

Sut mae'r Darganfyddwr yn ei fynegi ei hun?
Mae'r Darganfyddwr yn y cyfnod cynharaf o ddysgu cyfathrebu. Dydy e ddim yn cyfathrebu'n fwriadol eto (h.y. â phwrpas penodol mewn golwg). Yn hytrach, mae'n adweithio i sut mae'n teimlo a beth sy'n digwydd o'i gwmpas. Yn y dechrau, crio yw'r dull gorau sydd gan y Darganfyddwr i roi gwybod i chi fod arno angen rhywbeth, fel bwyd, cwsg neu gael ei godi. Dros amser bydd sŵn ei grio'n newid, ac mae crio 'eisiau bwyd' yn swnio'n wahanol i grio 'wedi blino'.

O wylio'r ffordd mae Jac yn edrych ar yr wyneb sy'n gwenu ar ei obennydd, mae ei fam yn gwybod ei fod yn ei hoffi.

Hefyd, bydd y Darganfyddwr yn cyfathrebu trwy ystumiau wyneb a symudiadau'r corff. Gall droi ei ben i ffwrdd os nad ydy e eisiau rhywbeth. Os oes gormod yn mynd ymlaen, efallai bydd yn cau ei lygaid. Cyn bo hir, bydd y Darganfyddwr yn dysgu aros yn llonydd er mwyn gallu rhoi sylw i bethau newydd a diddorol sydd i'w gweld, eu clywed a'u teimlo, gan gynnwys sŵn eich llais. Bydd yn dechrau ymddiddori mewn pobl eraill ac yn cyfleu'r diddordeb hwnnw trwy edrych, gwenu neu wneud synau. Yn nes ymlaen, bydd y Darganfyddwr yn dechrau archwilio ei fyd. Bydd yn estyn at bethau neu bobl, neu'n symud tuag atyn nhw. Rhaid i rieni roi sylw gofalus er mwyn dysgu beth sydd o ddiddordeb i Ddarganfyddwr.

Bydd y Darganfyddwr yn dechrau defnyddio ei lais mewn ffyrdd gwahanol. Yn y lle cyntaf, bydd yn gwneud synau tebyg i 'iiiiii' ac 'aaaa'. Yn nes ymlaen, bydd y rhain yn newid i synau fel 'cw' a 'gw'. Mae hyn yn cael ei alw'n 'cŵian'. Tua diwedd y cyfnod, bydd y Darganfyddwr yn rhoi rhesi o synau at ei gilydd, fel 'ba-ba-ba-ba-ba.' Yr enw am hyn yw parablu.

Bydd y Darganfyddwr hefyd yn amrywio uchder a thôn ei lais. Gall wneud synau hapus pan fyddwch yn siarad ag ef neu'n canu iddo. Bydd hefyd yn dynwared rhai o'r synau yr ydych yn eu gwneud, a rhai o'ch symudiadau ac ystumiau eich wyneb. Bydd y Darganfyddwr yn edrych, yn gwenu, yn chwerthin ac yn gwneud synau i ddal a chadw eich sylw. Mae'n amlwg ei fod yn mwynhau eich cwmni.

Beth mae'r Darganfyddwr yn ei ddeall? Dydy'r Darganfyddwr ddim yn deall geiriau eto, ond mae'n dod yn fwy ymwybodol o'r byd o'i gwmpas. Mae'n dechrau adnabod rhai wynebau, gwrthrychau, lleisiau a synau. Bydd yn troi ei ben tuag at rai synau a lleisiau, yn enwedig lleisiau ei fam neu ei dad. Caiff ei ddychryn yn hawdd gan newidiadau sydyn, fel synau uchel neu symudiadau cyflym.

Bydd y Darganfyddwr yn gwenu'n ôl ar wyneb sy'n gwenu arno ef. Bydd yn gwylio eich wyneb wrth i chi siarad ag ef. Bydd Darganfyddwr hŷn yn mynd yn llonydd wrth iddo eich clywed yn galw ei enw a bydd hefyd yn dechrau deall ystumiau syml. Er enghraifft, pan fyddwch yn estyn eich breichiau ato, efallai bydd yn codi ei freichiau i gael ei godi. Er nad yw'r Darganfyddwr yn deall eich geiriau eto, mae'n ymateb i dôn eich llais ac i sefyllfaoedd cyfarwydd. Dros amser mae'n dechrau deall beth fydd yn digwydd nesaf yn y drefn ddyddiol fel prydau bwyd neu amser bath. Er enghraifft, pan fyddwch yn ei baratoi ar gyfer ei fath ac yntau'n clywed y dŵr yn rhedeg, efallai bydd yn gwichian neu'n cicio ei goesau oherwydd ei fod yn edrych ymlaen at chwarae yn y dŵr. Am ei fod yn gallu rhagweld pethau, mae'r Darganfyddwr hefyd yn mwynhau gemau fel 'Pi-po' a 'Cosi'.

Mae sŵn llyfr yn disgyn ar y llawr yn dychryn Cai.

Cyfathrebwr

Pan fyddwch chi'n ymateb yn gyson i synau, symudiadau ac edrychiadau eich Darganfyddwr fel pe bai'n anfon neges benodol atoch, yn raddol bydd yn gwneud y darganfyddiad cyffrous bod y rhain yn cael effaith bwerus ar y bobl o'i gwmpas. Mae'n dechrau deall y gall ddefnyddio synau, edrychiadau a symudiadau i gael yr hyn mae eisiau. Er enghraifft, mae'n sylweddoli pan fydd yn codi ei freichiau, eich bod yn ei godi, a phan fydd yn gwneud sŵn eich bod yn rhoi sylw iddo. Felly bydd yn dechrau codi ei freichiau'n fwriadol pan fydd eisiau i chi ei godi ac yn gwneud synau'n fwriadol pan fydd eisiau sylw. Gall wneud synau uwch a mwy taer os nad ydych yn ymateb yn syth. Pan ddaw i sylweddoli y gall anfon negeseuon penodol i gael canlyniadau penodol dywedir ei fod yn gwneud y **cyswllt cyfathrebu**. Pan fydd eich plentyn yn gwneud y cyswllt cyfathrebu, mae'n cyfathrebu'n uniongyrchol â chi gyda phwrpas penodol mewn golwg, ac yn troi'n Gyfathrebwr.

Sut mae'r Cyfathrebwr yn ei fynegi ei hun? Mae'r Cyfathrebwr yn dechrau anfon negeseuon gyda phwrpas penodol mewn golwg. Er nad yw'n defnyddio geiriau eto, mae'n cyfathrebu â chi trwy edrych arnoch chi, gwneud ystumiau â'i gorff, pwyntio a gwneud synau. Mae'n cyfathrebu er mwyn protestio neu wrthod rhywbeth. Bydd hefyd yn gadael i chi wybod ei fod eisiau rhywbeth – tegan, er enghraifft – neu ei fod am i chi wneud rhywbeth, fel ei dynnu allan o'i gadair uchel.

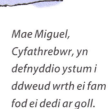

Yn nes ymlaen, mae'r Cyfathrebwr yn cyfathrebu mewn ffordd fwy cymdeithasol ac yn dysgu rhannu ei ddiddordebau â chi. Mae'n cyfathrebu er mwyn cael eich sylw, er mwyn dweud helo neu hwyl fawr, neu er mwyn dangos rhywbeth i chi. Yn aml bydd yn pwyntio er mwyn dweud wrthych chi am rywbeth sydd wedi dal ei sylw. Hefyd gall wneud synau mewn llais ymholgar er mwyn gofyn cwestiwn. Wrth i'w allu i gyfathrebu â chi wella, gall hyd yn oed greu ei ystumiau ei hun. Er enghraifft, os bydd yn rhwbio ei wyneb â chefn ei law, gall fod yn dweud wrthych ei fod eisiau ei flanced arbennig.

Mae Miguel, Cyfathrebwr, yn defnyddio ystum i ddweud wrth ei fam fod ei dedi ar goll.

Gall y Cyfathrebwr ddal ati i geisio cyfleu ei neges nes eich bod yn ymateb yn y ffordd mae e eisiau. Er enghraifft, os bydd yn estyn ei law ac yn gwneud synau i ofyn am fisged, efallai bydd yn tawelu pan fyddwch yn rhoi bisged iddo. Gall wenu hefyd er mwyn gadael i chi wybod mai dyna beth oedd e eisiau. Ond os ydy eisiau cracer a chithau'n rhoi diod iddo, yn aml bydd yn gadael i chi wybod nad dyna oedd e eisiau. Gall ymddangos yn eithaf rhwystredig, a chodi ei lais. Gall afael yn eich llaw i ddangos i chi'n union beth mae eisiau. Mae llwyddo i gael pobl i'w ddeall yn rhan bwysig o'i ddatblygiad fel cyfathrebwr.

Mae datblygiad pwysig arall yn digwydd pan fydd yn dysgu canolbwyntio ar berson a gwrthrych yr un pryd. O'r blaen roedd eich plentyn yn gallu canolbwyntio arnoch chi neu ar wrthrych, ond nid ar y ddau gyda'i gilydd. Yn y cyfnod Cyfathrebu, bydd yn edrych ar wrthrych ac yn pwyntio ato, ac yna'n edrych arnoch chi. Yna bydd yn troi'n ôl at y gwrthrych ac yn pwyntio ato eto, er mwyn gwneud yn siŵr eich bod yn gwybod am beth mae'n cyfathrebu. Mae'r sgil newydd yma yn ei gwneud yn bosib iddo ddangos pethau i chi a gadael i chi wybod beth mae'n ei feddwl amdanyn nhw. Dyma un o'r camau pwysicaf ar y ffordd tuag at ddefnyddio geiriau neu arwyddion cyntaf.

Mae Robyn yn gadael i'w fam-gu wybod beth sydd ar ei feddwl trwy bwyntio at yr afal ac yn edrych yn gyntaf arni hi ac yna ar yr afal.

Mae'r Cyfathrebwr hefyd yn dysgu dilyn yr hyn rydych chi'n canolbwyntio arno. Os byddwch yn pwyntio at rywbeth, gall edrych i'r cyfeiriad hwnnw er mwyn gweld beth rydych yn ei ddangos iddo. Yn awr, gallwch bwyntio at lawer o bethau diddorol – sy'n creu pob math o gyfleoedd i ddysgu iaith.

Mae'r Cyfathrebwr yn parhau i wneud synau, gan ddynwared eich synau chi yn amlach. Mae'n dechrau rhoi synau at ei gilydd, bron iawn fel pe bai'n siarad. Ond mae ei 'siarad' yn llawn synau ac nid geiriau. Gall hefyd wneud synau sy'n ymdrechion bwriadol cyntaf i ddefnyddio geiriau.

Yr hyn mae'r Cyfathrebwr yn ei ddeall:
Wrth i'r Cyfathrebwr brofi gweithgareddau pob dydd, fel cael ei wisgo neu fynd i'r gwely, mae'n eich clywed chi'n dweud rhai geiriau penodol drosodd a throsodd. Ymhen amser, bydd yn dechrau deall eu hystyr. Bydd yn dangos i chi ei fod yn deall trwy edrych, pwyntio, dangos neu ddilyn eich cyfarwyddiadau syml. Mae hyn yn rhan bwysig o ddatblygu iaith oherwydd mae eich plentyn angen deall gair cyn y gall ei ddefnyddio i gyfathrebu.

Trwy edrych i fyny, mae Aled yn dangos i'w fam ei fod yn deall y gair 'golau'.

Defnyddiwr Geiriau Cyntaf

Sut mae'r Defnyddiwr Geiriau Cyntaf yn ei fynegi ei hun? Mae clywed eich plentyn yn defnyddio ei air cyntaf yn gyffrous iawn. Dyma'r foment mae rhieni'n disgwyl amdani, yn enwedig os yw iaith y plentyn wedi bod yn araf yn datblygu. Gall y Defnyddiwr Geiriau Cyntaf ddynwared geiriau mae'n eich clywed chi yn eu dweud, neu gall ddechrau defnyddio geiriau ohono'i hun. Mae'n dechrau trwy ddweud un gair ar y tro. Mae plant sy'n cyfathrebu trwy wneud un arwydd ar y tro neu trwy bwyntio at un llun ar y tro fel rhan o system gyfathrebu estynedig ac amgen hefyd yn Ddefnyddwyr Geiriau Cyntaf. Mae'r geiriau cyntaf hyn yn cynrychioli pobl, gwrthrychau a gweithredoedd sy'n gyfarwydd ac yn bwysig ym myd eich plentyn, fel *mam*, *dad*, *diod*, *ci*, neu *fyny*. Ochr yn ochr â'r geiriau hyn, bydd yn parhau i ddefnyddio synau ac ystumiau wyneb a chorff. Hefyd, gall Defnyddiwr Geiriau Cyntaf ddefnyddio un gair i gynrychioli sawl peth gwahanol. Gallai *sudd* gyfeirio at unrhyw ddiod. Gallai *ci* gyfeirio at unrhyw anifail â phedair coes a chynffon.

Mae'r Defnyddiwr Geiriau Cyntaf yn defnyddio un gair i gyfleu neges gyfan. Os bydd yn pwyntio at gadair ac yn dweud 'Mam' gallai olygu naill ai 'Cadair Mam yw hon' neu 'Eistedd fan hyn, Mam'. Gallwch ddeall y neges trwy edrych ar y sefyllfa gyfan a cheisio canfod ystyr ei symudiadau, tôn ei lais, a'i ystumiau corff ac wyneb.

Gall geiriau cyntaf eich plentyn fod yn fersiynau symlach o eiriau go iawn, fel *nana* am *banana* neu *cygu* am *cysgu*. Byddwch yn dysgu eu hystyr oherwydd pryd bynnag bydd yn gweld neu'n cael y profiad o'r pethau hyn, bydd yn dweud y geiriau yn yr un ffordd. Gall fod yn anodd deall ystyr rhai o eiriau cynnar eich plentyn. Unwaith byddwch chi wedi eu deall, efallai mai chi fydd yr unig berson fydd yn eu hadnabod.

'Pêl' yw gair Siôn am unrhyw beth crwn.

Mae mam Bethan yn sylweddoli pan fydd Bethan yn dweud 'Caff' mai at 'cath' mae'n cyfeirio.

Yr hyn mae'r Defnyddiwr Geiriau Cyntaf yn ei ddeall:
Mae'r Defnyddiwr Geiriau Cyntaf yn dod i ddeall mwy a mwy o eiriau yn ystod y cyfnod hwn. Gall bwyntio at wrthrychau neu bobl gyfarwydd neu eu dangos i chi pan fyddwch yn dweud eu henwau. Mae hefyd yn deall gorchmynion ac ymadroddion syml fel 'Dos i nôl dy gwpan' neu 'amser bath', heb i chi ddefnyddio ystumiau. Gall ateb cwestiynau ie-neu-na fel 'Wyt ti eisiau diod?' yn ogystal â chwestiynau syml sy'n dechrau â *beth* neu *ble*, fel 'Beth wyt ti eisiau yfed!' a 'Ble mae dy bêl?'

Cyfunwr

Sut mae'r Cyfunwr yn ei fynegi ei hun? Yn aml (ond nid bob amser), erbyn i blentyn ddefnyddio tua 50 o eiriau, arwyddion neu luniau unigol, mae'n barod i ddechrau eu rhoi at ei gilydd mewn cyfuniadau fel 'Mwy sudd' neu 'Mam fyny'. Mae'r cyfuniadau dau air hyn weithiau'n anfon neges eglur, fel 'Eisiau tedi'. Ond fel mae'r tri darlun yma yn dangos, hwyrach y bydd yn rhaid i chi chwilio am gliwiau i ddeall yn union beth mae'r Cyfunwr yn ceisio ei ddweud.

Yma mae 'Dadi esgid' yn golygu 'Dyna esgidiau Dadi.'

Yma mae 'Dadi esgid' yn golygu 'Dadi, gwisga fy sgidiau.'

Yma mae 'Dadi esgid' yn golygu 'Dwi'n gwisgo sgidiau Dad.'

Yn y dechrau mae'r Cyfunwr yn parhau i ddefnyddio geiriau unigol ynghyd â chyfuniadau o ddau air. Mae'n dibynnu llai a llai ar ystumiau corff i gyfleu ei neges. Mae'n dysgu newid cyfuniadau o eiriau yn gwestiynau trwy newid tôn ei lais. Er enghraifft, gallai 'Bisged mynd?' olygu 'Ydy'r bisgedi i gyd wedi mynd?' Mae hefyd yn dechrau holi cwestiynau fel 'Be' hwnna?' neu 'Ble cath?'

Yr hyn mae'r Cyfunwr yn ei ddeall: Mae'r Cyfunwr yn deall llawer o gyfarwyddiadau syml heb gymorth ystumiau. Hefyd gall adnabod gwrthrych nid yn unig wrth ei enw, ond trwy beth mae rhywun yn ei wneud ag ef. Er enghraifft, gall bwyntio at fwyd pan fyddwch yn gofyn, 'Dangos i mi beth wyt ti'n ei fwyta.' Mae'n deall cwestiynau syml sy'n dechrau gyda *ble*, *beth* a *pwy*. Mae hefyd yn dechrau deall geiriau fel *mewn*, *ar*, *dan*, *mawr* a *bach*. Gall ddilyn storïau byr syml a phwyntio at wrthrychau syml sydd wedi eu darlunio mewn llyfrau.

Taith yw dysgu cyfathrebu ac mae'n cymryd amser. I weld lle mae eich plentyn arni ar y daith hon, cwblhewch y rhestr wirio ar dudalennau 11–13.

Ym mha gyfnod datblygu cyfathrebu mae fy mhlentyn?

Cyn i chi allu helpu eich plentyn i ddatblygu sgiliau cyfathrebu gwell, rhaid i chi wybod ym mha gyfnod cyfathrebu y mae a'r holl bethau mae'n eu gwneud i gyfathrebu yn y cyfnod hwnnw. Mae pedwar cyfnod cyfathrebu: **Darganfyddwr**, **Cyfathrebwr**, **Defnyddiwr Geiriau Cyntaf** a **Chyfunwr**. Darllenwch y rhestrau gwirio isod, sy'n disgrifio'r pedwar cyfnod hyn yn nhermau'r hyn mae eich plentyn yn ei **ddeall** a'r hyn mae'n gallu ei **fynegi**. (Mae mynegiant yn cynnwys unrhyw beth mae eich plentyn yn ei wneud i gyfathrebu ystyr: geiriau, ond hefyd synau, edrychiadau, ystumiau, pwyntio at bobl, gwrthrychau a lluniau, a gwneud arwyddion). Ticiwch gyferbyn â'r holl eitemau ym mhob colofn sy'n disgrifio gallu cyfathrebu eich plentyn ar hyn o bryd.

Mae'r darnau glas o dan enw pob cyfnod yn cynnwys disgrifiad byr o brif nodwedd y cyfnod hwnnw o ran deall a mynegiant. Ar ôl i chi roi tic gyferbyn â'r holl eitemau yn y rhestr wirio sy'n berthnasol i allu cyfathrebu eich plentyn, edrychwch ar enw'r cyfnod uwchben y blwch glas yn y golofn olaf wnaethoch chi roi tic ynddi o ran deall a mynegiant. Dyna'r cyfnod y mae eich plentyn ynddo. Efallai gwelwch fod cyfnod eich plentyn o ran deall yn wahanol i'w gyfnod o ran mynegiant.

Darganfyddwr

Deall	Mynegiant
☐ Dydy e ddim yn deall ystyr geiriau	☐ Mae'n ymateb i'r amgylchedd. Dydy e ddim yn anfon negeseuon bwriadol eto
☐ Yn adnabod lleisiau cyfarwydd	☐ Yn crio mewn gwahanol ffyrdd yn dibynnu ar ei angen
☐ Yn troi ei ben tuag at sŵn	☐ Yn cau ei lygaid neu'n troi ei ben i ffwrdd pan nad yw eisiau rhywbeth
☐ Yn ymateb pan fydda i'n galw ei enw trwy edrych arnaf, symud ei gorff neu aros yn llonydd	☐ Yn edrych â diddordeb ar wynebau
☐ Yn adnabod ychydig o ystumiau corff, fel pan fydda i'n estyn fy mreichiau cyn ei godi	☐ Yn aros yn llonydd neu'n gwenu pan fydd rhywun yn siarad ag ef
☐ Yn dangos ei fod yn gwybod beth sy'n dod nesaf yn y drefn ddyddiol e.e. pan fydda i'n dal ei sanau i fyny mae'n codi ei droed	☐ Yn gwneud synau ac yn symud ei gorff – e.e. gwingo, cicio, pan fydd rhywun yn siarad ag ef neu'n gwenu arno
	☐ Yn tynnu amrywiaeth o wynebau
	☐ Yn troi tuag at synau/fy llais
	☐ Yn symud y corff – e.e. yn estyn pan fydd eisiau rhywbeth
	☐ Yn dynwared symudiadau e.e. yn taro ei gadair uchel
	☐ Yn gwneud synau fel 'aaaa' 'wwww' 'gy' 'my'
	☐ Yn parablu, e.e. 'bababa', 'mamama'
	☐ Yn dynwared sŵn dwi'n ei wneud
	☐ Yn mwynhau gemau fel Pi-po

Mae'r dudalen hon o'r canllaw *It Takes Two to Talk* (Weitzman, 2017) a gellir ei llungopïo ar gyfer defnydd personol yn unig.

Cyfathrebwr	
Deall	**Mynegiant**
☐ Yn deall geiriau cyfarwydd mewn sefyllfaoedd pob dydd	☐ Yn anfon negeseuon yn fwriadol gan ddefnyddio cyfuniad o edrychiadau, synau ac/neu ystumiau corff (heb ddefnyddio geiriau)*

☐ Yn deall geiriau cyfarwydd mewn sefyllfaoedd pob dydd, fel *ta ta* neu *i fyny*
 	
☐ Yn deall enwau gwrthrychau cyfarwydd fel *potel*, *golau* neu *pêl*
 	
☐ Yn ymateb i gwestiynau syml fel, 'Ble mae dy dedi?' trwy symud at y gwrthrych, edrych arno neu bwyntio ato
 	
☐ Yn dilyn cyfarwyddiadau syml wedi eu cyfuno ag ystumiau
 	
☐ Yn deall y gair 'na'
	☐ Yn cyfuno ystumiau â synau ac edrychiadau
	
	☐ Yn cyfathrebu am amrywiaeth o resymau, fel:
	   ☐ I brotestio/gwrthod rhywbeth – e.e. yn ysgwyd ei ben i ddweud 'na'
	   ☐ I ofyn am rywbeth – e.e. yn estyn potel i'w hagor
	   ☐ I gael sylw – e.e. yn gwneud synau, ystumiau
	   ☐ I ddangos/rhoi rhywbeth i mi – e.e. yn estyn tegan i mi
	   ☐ I ddweud helô/hwyl fawr – e.e. yn chwifio llaw i ffarwelio
	   ☐ I ymateb i bobl eraill – e.e. yn pwyntio at wrthrych y soniais amdano /yn ei estyn i mi
	   ☐ I dynnu sylw at rywbeth diddorol – e.e. yn pwyntio at y gwrthrych/ person ac yn troi i edrych arnaf
	
	☐ Yn rhoi rhesi o synau at ei gilydd sy'n swnio'n debyg iawn i siarad
	
	☐ Yn gyson yn gwneud synau sy'n golygu rhywbeth penodol – e.e. anadlu'n ddwfn 'hy-hy' (yn dynwared ci)
	
	☐ Yn defnyddio gair unigol o bryd i'w gilydd

Defnyddiwr Geiriau Cyntaf	
Deall	**Mynegiant**
☐ Yn deall enwau llawer o wrthrychau, pobl ac anifeiliaid cyfarwydd	☐ Yn cyfathrebu'n bennaf trwy ddefnyddio geiriau unigol*

☐ Gall bwyntio at sawl rhan o'r corff a sawl gwrthrych cyfarwydd
 	
☐ Yn dilyn ychydig o gyfarwyddiadau syml heb i oedolyn ddangos iddo na defnyddio ystumiau – e.e. 'rho sws i'r babi'
 	
☐ Yn gallu ateb cwestiynau ie-neu-na, fel 'Wyt ti eisiau darn o fanana?'
 	
☐ Yn ymateb i gwestiynau syml ble a beth – e.e. 'Ble mae dy esgid?' neu 'Beth wyt ti eisiau i yfed?'
	☐ Yn defnyddio nifer fawr o ystumiau corff a synau
	
	☐ Yn dynwared synau (e.e. synau anifeiliaid/ceir) a geiriau
	
	☐ Yn defnyddio geiriau unigol **am yr un rhesymau yn union â'r Cyfathrebwr**, yn ogystal ag:
	   ☐ I ofyn cwestiwn – e.e. 'Dada?' gyda'r tôn yn codi i ofyn lle mae Dad.
	   ☐ I wneud sylw – e.e. 'gwlyb!'
	
	☐ Yn defnyddio amryw o wahanol fathau o eiriau, fel:
	   ☐ Pobl – e.e. 'mama'
	   ☐ Gwrthrychau – e.e. 'pêl'
	   ☐ Geiriau cymdeithasol – e.e. 'ta-ta'
	   ☐ Gwrthod – e.e. 'na'
	   ☐ Gweithredoedd – e.e. 'bwyta'
	   ☐ Geiriau disgrifiadol – e.e. 'mawr'
	   ☐ Geiriau lleoli – e.e. 'yna'
	
	☐ Yn defnyddio ystumiau a geiriau gyda'i gilydd – e.e. yn gofyn am gael ei godi trwy godi ei freichiau a dweud 'fyny'
	
	☐ Yn defnyddio 10–25 o eiriau
	
	☐ Yn defnyddio 25–50 o eiriau
	
	☐ Yn dweud ymadroddion 2 air o bryd i'w gilydd

* Mae 'geiriau' yn cyfeirio at eiriau llafar, arwyddion neu luniau.

Mae'r dudalen hon o'r canllaw *It Takes Two to Talk* (Weitzman, 2017) a gellir ei llungopïo ar gyfer defnydd personol yn unig.

Cyfunwr	
Deall	**Mynegiant**
☐ Yn deall llawer o eiriau a syniadau mwy cymhleth	☐ Yn cyfathrebu'n bennaf trwy ddefnyddio ymadroddion 2 neu fwy o eiriau
☐ Yn deall syniadau mwy cymhleth – e.e. mewn/allan, dros/o dan, budr/glân ☐ Gall ddeall cwestiynau *beth*, *ble* a *pwy* – e.e. 'Beth wyt ti'n wisgo ar dy draed?', 'Pwy sy wrth y drws?' ☐ Yn dilyn cyfarwyddiadau heb i'r oedolyn ddangos neu ddefnyddio ystumiau – e.e. 'Dos i nôl dy sgidiau' ☐ Yn dilyn cyfarwyddiadau 2 gam – e.e. 'Coda dy byjamas a'u rhoi yn y fasged olchi.' ☐ Yn dilyn storïau syml	☐ Yn dweud mwy na 50 o eiriau gwahanol ☐ Yn defnyddio ymadroddion 2 air: ☐ I ofyn – e.e. 'agor drws' ☐ I wwneud sylwadau – e.e. 'ci mawr' ☐ I ofyn cwestiynau sy'n dechrau gyda *beth* a *ble* – e.e. 'Ble pêl?' Gall ofyn *pam* ☐ I siarad am bethau tu hwnt i'r amser a'r lle presennol – e.e. 'Deryn 'di mynd' (y gorffennol), 'Mynd sŵ' (dyfodol) ☐ Yn defnyddio amryw o fathau gwahanol o eiriau mewn ymadroddion 2 neu 3 gair (gweler y rhestr o dan Ddefnyddiwr Geiriau Cyntaf) – e.e. Pobl ('***dad*** fyny'); Gwrthrychau ('***pêl*** 'di mynd?'); Geiriau cymdeithasol ('***ta-ta*** Nain'); Gwrthod ('***na*** gwely'); yn ogystal â Rhagenwau ('***Fi mynd***'), Geiriau meddiant ('***car fi***') ☐ Yn dechrau defnyddio ymadroddion 3 neu fwy o eiriau – e.e. 'Mam llaeth eto'

Gosod targedau cyfathrebu: mae targedau rhyngweithio yn dod cyn targedau mynegiant

Mae'r gair 'rhyngweithio' yn anghyfarwydd i'r mwyafrif o bobl. Ei ystyr yw'r cysylltu sy'n digwydd yn ôl ac ymlaen rhwng dau berson trwy eiriau, ond hefyd trwy ystumiau, symudiadau, edrychiadau, gwneud arwyddion, pwyntio at luniau. Rydym yn gwybod bod plant yn dysgu cyfathrebu wrth fwynhau rhyngweithio gyda'r oedolion pwysig yn eu bywydau, felly mae bod â sgiliau rhyngweithio da yn rhan hollbwysig o ddysgu iaith i'ch plentyn. Mae'r targedau sydd wedi eu rhestru ar gyfer pob cyfnod cyfathrebu ar dudalen 14 yn rhoi syniad i chi o lle rydych chi arni wrth i chi geisio helpu eich plentyn i gyfathrebu. Ond am fod rhyngweithio yn hanfodol bwysig i gyfathrebu llwyddiannus, rydym yn dechrau bob tro â **thargedau rhyngweithio**.

1. **Targed rhyngweithio – cymryd tro yn gyntaf:** Bydd fy mhlentyn yn cymryd ei dro yn gyntaf wrth ryngweithio â mi. (*I Gyfathrebwyr, Defnyddwyr Geiriau Cyntaf a Chyfunwyr*)
2. **Targed rhyngweithio – cymryd rhagor o droeon:** Bydd fy mhlentyn yn cymryd *rhagor o droeon* yn ôl ac ymlaen wrth ryngweithio â mi. (*I blant ym mhob un o'r pedwar cyfnod*)
3. **Targed rhyngweithio – cael hwyl:** Bydd fy mhlentyn yn *cael hwyl* wrth ryngweithio â mi. (*I blant ym mhob un o'r pedwar cyfnod*)

Unwaith bydd eich plentyn yn cymryd ei dro yn gyntaf a'ch bod yn cael hwyl yn cymryd rhagor o droeon, gallwch ddewis targed cyfathrebu sy'n canolbwyntio ar wella ei **fynegiant**. Byddwch yn canolbwyntio'n awr ar ei helpu i **gymryd tro penodol** yn ystod eich rhyngweithiadau.

Mae'r dudalen hon o'r canllaw *It Takes Two to Talk* (Weitzman, 2017) a gellir ei llungopïo ar gyfer defnydd personol yn unig.

4. **Targed cyfathrebu mynegiannol – tro penodol:** Bydd fy mhlentyn yn cymryd *tro penodol* yn ystod ein rhyngweithiadau. Bydd:

_____

(dewiswch un neu ddau nod o'r siart isod).

Wrth benderfynu ar darged cyfathrebu mynegiannol eich plentyn, gallwch ddewis un o ddwy ffordd o fynd ati. Gallwch ei helpu:

- I wneud mwy yn y cyfnod cyfathrebu presennol; neu
- I symud tuag at y cyfnod cyfathrebu nesaf.

Ewch i dudalennau 98–106 i gael gwybodaeth fanwl ynghylch sut i ddewis y targed cyfathrebu mynegiannol addas i'ch plentyn. Fe gewch wybodaeth ynghylch adeiladu dealltwriaeth eich plentyn ar dudalennau 84–6, yn ogystal ag ym Mhennod 7. Rydym yn argymell yn gryf eich bod yn ymgynghori â therapydd iaith a lleferydd, fydd yn asesu eich plentyn a'ch helpu i ddewis targedau addas.

Targedau cyfathrebu ac iaith ym mhob cyfnod

Targedau ar gyfer Darganfyddwyr	Targedau ar gyfer Cyfathrebwyr	Targedau ar gyfer Defnyddwyr Geiriau Cyntaf	Targedau ar gyfer Cyfunwyr

Gwneud mwy yn y cyfnod Darganfod:
☐ Dangos ei fod yn talu sylw i mi am gyfnodau hirach trwy edrych arnaf, gwneud ystumiau wyneb, symud ei gorff neu wneud synau
☐ Defnyddio mwy o edrychiadau, ystumiau wyneb, symudiadau corff neu synau
☐ Dynwared symudiadau neu synau byddaf yn eu gwneud
☐ Dangos ei fod yn gwybod beth sy'n dod nesaf mewn gweithgaredd pob dydd
	Gwneud mwy yn y cyfnod Cyfathrebu:
	☐ Anfon negeseuon yn fwriadol am amrywiaeth o resymau, fel gofyn am rywbeth, rhannu diddordeb, neu ddangos rhywbeth
	☐ Anfon negeseuon yn defnyddio cyfuniad o edrychiadau, synau, ystumiau corff
	☐ Dynwared llawer o synau, ystumiau gwahanol
	☐ Defnyddio llawer o ystumiau gwahanol ohono'i hun
		Gwneud mwy yn y cyfnod Defnyddio Geiriau Cyntaf:
		☐ Defnyddio'r geiriau sydd ganddo'n amlach
		☐ Defnyddio'r geiriau sydd ganddo am amrywiaeth o resymau
		☐ Defnyddio amryw o wahanol fathau o eiriau, fel:
		  ☐ Pobl (dad)
		  ☐ Gwrthrychau (tedi)
		  ☐ Geiriau cymdeithasol (ta-ta)
		  ☐ Gwrthod (na)
		  ☐ Symudiadau (neidio)
		  ☐ Geiriau disgrifiadol (gwlyb)
		  ☐ Geiriau lleoli (mewn)
			Gwneud mwy yn y cyfnod Cyfuno:
			☐ Yn defnyddio'r ymadroddion 2 air sydd ganddo'n amlach
			☐ Defnyddio amryw o wahanol fathau o eiriau mewn ymadroddion 2 air, fel:
			  ☐ Pobl (dadi eistedd!)
			  ☐ Gwrthrychau (tedi cwympo)
			  ☐ Geiriau cymdeithasol ('sda mam)
			  ☐ Gwrthod (na gwely!)
			  ☐ Symudiadau (fi neidio)
			  ☐ Gair disgrifiadol (dwylo budr)
			  ☐ Geiriau lleoli (yn car)
			  ☐ Ymadroddion meddiant (llyfr fi)
			☐ Defnyddio ymadroddion 3 gair

Symud tuag at y cyfnod Cyfathrebu unwaith mae wedi gwneud y cyswllt cyfathrebu: ☐ Anfon neges i gael fy sylw ☐ Anfon neges i adael i mi wybod ei fod eisiau rhywbeth ☐ Edrych ar rywbeth ac yn ôl ataf i ☐ Dechrau defnyddio ystumiau corff e.e. codi breichiau i ofyn am gael ei godi	**Symud tuag at y cyfnod Defnyddio Geiriau Cyntaf:** ☐ Ychwanegu synau at y rhan fwyaf o'i droeon ☐ Dynwared geiriau ☐ Defnyddio ychydig o eiriau ohono'i hun	**Symud tuag at y cyfnod Cyfuno:** ☐ Defnyddio 50 neu fwy o eiriau ☐ Dechrau defnyddio ymadroddion 2 air	**Parhau i ddatblygu ei allu i gyfathrebu:** ☐ Dweud ymadroddion hirach ☐ Defnyddio mwy o frawddegau cyflawn

Gadael i'ch plentyn arwain

Pan fydd dau berson yn cyfathrebu yn ôl ac ymlaen, gyda geiriau neu heb eiriau, dywedwn eu bod yn **rhyngweithio**. Yn achos plant bychan yn enwedig, dydy rhyngweithio ddim o anghenraid yn cynnwys geiriau. Fel y nodwyd yn y bennod gyntaf, gall rhyngweithio fod ar ffurf geiriau, ond hefyd gall fod ar ffurf symudiadau, ystumiau, pwyntio neu arwyddion. Y ffordd orau o annog eich plentyn i gyfathrebu yw gadael i'r plentyn **ddechrau** mwy o ryngweithiadau gyda chi. Yn lle arwain neu gyfeirio'r rhyngweithiad eich hun, **gadewch i'ch plentyn arwain**.

Pan fyddwch yn gadael i'ch plentyn arwain – ac yn ymateb â diddordeb i'r hyn y mae'n ei ddweud wrthych – bydd gan y plentyn fwy fyth o awydd cyfathrebu â chi. Ac nid dyna'r unig reswm dros adael i'ch plentyn arwain. Bob tro bydd y plentyn yn arwain rhyngweithiad a chithau'n ymateb iddi, byddwch yn rhoi gwybodaeth i'r plentyn am bethau sydd o ddiddordeb i'r plentyn – gwybodaeth sydd ei angen ar y plentyn i ddysgu cyfathrebu'n well.

Wyneb yn wyneb

Y cam cyntaf tuag at gael eich plentyn i arwain yw wynebu eich gilydd. Pan fyddwch chi'ch dau wyneb yn wyneb …

- mae'n haws i chi a'ch plentyn greu cysylltiad a rhannu profiad
- gallwch chi'ch dau glywed a gweld negeseuon eich gilydd yn haws
- mae'n haws i chi annog eich plentyn i gymryd yr awenau

Felly, pryd bynnag y cewch chi gyfle, gwnewch hi'n haws i'ch plentyn edrych i fyw eich llygaid. Edrychwch sut mae'r rhieni hyn yn gwneud hynny.

Mae'n fwy o hwyl wyneb yn wyneb

Dilyn GDG (OWL™) i adael i'ch plentyn arwain

Y cam nesaf tuag at adael i'ch plentyn arwain yw GDG, sef

Gwylio, **Di**sgwyl

a **G**wrando.

Y **GwDi**hŵ **G**all!

… neu yn Saesneg – **O**bserve, **W**ait, **L**isten (OWL™).

Mae **GDG** yn strategaeth bwysig y gallwch ei defnyddio gyda'ch plentyn mewn unrhyw ryngweithiad. Pan fyddwch yn defnyddio **GDG**, byddwch yn rhoi cyfle i'ch plentyn i ddechrau rhyngweithiad ac yn agor cyfleoedd i gyfathrebu. Efallai gwelwch fod eich plentyn yn cyfathrebu fwy nag yr oeddech wedi sylweddoli.

*Mae'r **GwDihŵ G**all bob tro yn cofio Gwylio, Disgwyl a Gwrando*

Gwylio

Weithiau mae'n anodd gwybod beth sydd ar feddwl eich plentyn. Os cymerwch amser i sylwi ar iaith ru corff nhw – eu symudiadau, ystumiau'r corff a'r wyneb – fe fydd hi'n haws deall. Trwy graffu ar y negeseuon hyn, gallwch chi ddysgu llawer am beth sydd o ddiddordeb iddyn nhw a beth maen nhw eisiau ei ddweud wrthych chi. Sylwch ar beth mae eich plentyn yn edrych arno. Edrychwch i'r cyfeiriad y maen nhw'n estyn neu'n pwyntio ato. Trwy ddarganfod beth sydd wedi dale eu diddordeb eich plentyn fe fydd hi'n haws rhannu'r profiad gyda nhw.

Edrycha! Rwyt ti wedi colli dy hosan!

Roedd mam Megan yn ceisio ei chael i edrych mewn drych, ond yna sylwodd fod gan Megan fwy o ddiddordeb mewn rhywbeth arall – roedd ei hosan wedi dod i ffwrdd. Nawr maen nhw'n gallu siarad am beth sydd o wir ddiddordeb i Megan.

Disgwyl

Mae disgwyl yn arf pwerus. Mae'n rhoi amser i chi sylwi beth sydd o ddiddordeb i'ch plentyn. Yn bwysicach fyth, mae'n rhoi amser i'ch plentyn i *ddechrau* rhyngweithiad neu i ymateb i'r hyn rydych chi wedi ei ddweud neu ei wneud. Yn y llyfr hwn mae *disgwyl* yn golygu tri pheth: **peidio â siarad, pwyso ymlaen** ac **edrych ar eich plentyn yn ddisgwylgar**. Efallai fod eich plentyn wedi arfer â phawb arall yn cyfathrebu. Wrth aros fel hyn, byddwch yn anfon neges at y plentyn eich bod yn barod i'r plentyn ymateb i chi neu, yn well fyth, fod y plentyn yn arwain y rhyngweithiad. Unwaith y bydd eich plentyn yn gwneud un o'r pethau hyn, mae'n bwysig eich bod yn ymateb yn syth i'r plentyn. (Byddwch yn dysgu mwy am sut i wneud hyn ym Mhennod 3.)

Os oes angen eich atgoffa eich hun i ddisgwyl, cyfrwch yn araf i 10 – yn ddistaw, wrth gwrs. Efallai nad ydych wedi arfer â chymaint o ddistawrwydd. Efallai nad yw eich plentyn wedi arfer chwaith. Ond byddwch yn amyneddgar a pheidiwch â rhuthro i ddweud rhywbeth. Gall gymryd tipyn o amser i'r plentyn i gyfathrebu â chi. Os bydd eich plentyn yn newid o un gweithgaredd i'r llall, arhoswch eto. Rhowch gyfle i'r plentyn i ymgolli yn y gweithgaredd newydd. Yna rhowch ragor o amser eto i'r plentyn gael dechrau rhyngweithio.

Yn lle ateb y drws pan fydd y gloch yn canu mae tad Robyn yn aros. Mae hyn yn rhoi cyfle i Robyn i ddweud wrtho fod rhywun wrth y drws.

Y peth pwysicaf i'w gofio ynghylch disgwyl yw rhoi digon o amser i'ch plentyn i ddeall eich bod yn aros i'r plentyn i anfon neges atoch – unrhyw neges. Gall y neges gynnwys synau, geiriau, neu ystumiau, does dim ots. Neges yw unrhyw beth mae eich plentyn yn ei wneud neu ei ddweud i roi gwybod i chi beth yw ei hanghenion neu ei ddiddordebau. Cymerwch olwg arall ar y rhestr wirio 'Ym mha Gyfnod Datblygu Cyfathrebu y mae Fy Mhlentyn' ar dudalennau 11–13. Yno fe welwch rai o'r ffyrdd y gall eich plentyn anfon neges.

Gwrando

Mae gwrando yn golygu rhoi sylw manwl i holl eiriau a synau eich plentyn. Gofalwch beidio â thorri ar draws, hyd yn oed os ydych chi eisoes wedi deall beth maen nhw'n ei ddweud wrthych chi. Pan fyddwch yn gwrando ar neges eich plentyn, rydych chi hefyd yn dangos i'r plentyn fod yr hyn y mae'r plentyn yn ei ddweud yn bwysig i chi. Mae hyn yn helpu i adeiladu ei hyder a'i hunan-barch.

Hyd yn oed pan fyddwch yn defnyddio GDG, bydd adegau pan fyddwch yn methu â deall neges eich plentyn. Gall hyn fod yn rhwystredig i chi'ch dau. Ar adegau felly, edrychwch ar y sefyllfa am gliwiau, er mwyn dyfalu beth maen nhw'n ceisio ei ddweud wrthych chi.

Mae mam Bethan yn gwrando'n ofalus ac yn sylweddoli bod Bethan yn ceisio dweud 'Cath'.

Os nad oes gennych chi syniad beth yw neges eich plentyn, dynwaredwch y synau a'r symudiadau ac yna arhoswch i weld a fydd y plentyn yn gwneud rhywbeth i wneud y neges yn gliriach. Efallai byddwch yn dal i fethu deall, ond mae'n bwysig gwneud yr ymdrech. Wrth wneud hynny, rydych chi'n dangos eich bod yn gwneud eich gorau glas i'w deall. Rydych chi hefyd yn dangos i'r plentyn fod yr hyn sydd ar eu meddwl yn bwysig iawn i chi.

Defnyddio GDG mewn gwahanol gyfnodau

Mae plant yn anfon negeseuon mewn gwahanol ffyrdd wrth i'w gallu i gyfathrebu ddatblygu. Ym mhob cyfnod mae'n rhaid i chi ddilyn camau GDG – sef *Gwylio*, *Disgwyl* a *Gwrando* yn ofalus ar yr hyn mae eich plentyn yn ei 'ddweud' wrthych.

GDG gyda Darganfyddwyr

Dydy Darganfyddwr ddim yn anfon negeseuon bwriadol. Ond pan fyddwch yn ei gwylio'n ofalus, fe welwch chi gliwiau pwysig ynghylch beth sydd ei angen ar y plentyn a beth sydd o ddiddordeb i'r plentyn.

Mae Darganfyddwr sy'n ifanc iawn neu sy'n wynebu heriau datblygu neu feddygol yn mynd trwy sawl cyfnod o gwsg neu gyfnod o fod yn effro yn ystod y dydd. Mae'r cyfnodau hyn yn effeithio ar ba mor barod fydd y plentyn i ryngweithio â chi. Trwy ddilyn camau GDG gallwch weld pryd mae Darganfyddwr yn fwyaf parod i ryngweithio â chi. Gall aros yn llonydd, neu edrych arnoch a gwenu. Efallai bydd y plentyn yn symud ei freichiau a'i goesau a gwneud synau cŵian a pharablu (yn enwedig pan fyddwch yn sgwrsio neu'n canu).

Hefyd, bydd Darganfyddwr yn gadael i chi wybod pan nad yw'n barod i ryngweithio – fel arfer pan fydd eisiau bwyd arnyn nhw, pan fyddan nhw wedi blino neu'n anghyfforddus. Os nad yw'r plentyn yn barod gallan nhw droi eu pen i ffwrdd, crio, swnian, gwingo neu wneud ceg gam. Efallai fod angen gorffwys, neu angen eich help i ymdawelu.

Mae'n bwysig ymateb yn syth pan fydd Darganfyddwr yn gwneud rhywbeth sydd fel pe bai'n anfon neges. Er enghraifft, gall plentyn wneud synau cŵian pan fyddan nhw'n teimlo'n fodlon. Pan fyddwch yn gwenu ac yn cŵian yn ôl yn syth, rydych yn ei helpu i ddysgu bod cŵian yn ffordd dda o gael eich sylw. Mae hyn yn eu helpu i wneud y cyswllt cyfathrebu (gweler tudalen 6) – y cam pwysig sy'n mynd â hi i'r cyfnod cyfathrebu nesaf.

Pan fydd mam Cai yn dilyn camau GDG, mae'n gweld ei fod yn mwynhau gwylio'r mobeil.

GDG gyda Chyfathrebwyr

Pan fydd eich plentyn yn dechrau anfon negeseuon bwriadol, mae wedi cyrraedd cyfnod y Cyfathrebwr. Yn y cyfnod hwn, gall gyfathrebu llawer, er nad yw'n defnyddio unrhyw eiriau go iawn eto. Cofiwch GDG: **Gwyliwch** iaith y corff. **Disgwyliwch** i roi'r amser sydd ei angen ar y plentyn i ddechrau sgwrsio. **Gwrandewch** ar y synau maen nhw'n eu gwneud. Yna gadewch i'r plentyn arwain.

Er bod mam Megan yn brysur yn siopa, mae hi'n dilyn GDG i roi cyfle i Megan ddangos y banana iddi. Yna mae'n ymateb â diddordeb.

Mae mam Siôn yn holi ei hun pam mae e wedi dweud y gair 'pêl'. Wrth ddefnyddio GDG, mae hi'n gweld ei fod yn pwyntio at y lleuad, sy'n edrych fel pêl fawr gron iddo fo.

GDG gyda Defnyddwyr Geiriau Cyntaf a Chyfunwyr

Hyd yn oed pan fydd eich plentyn yn gallu siarad, mae angen GDG arnoch i'w hannog i siarad mwy. Rheswm arall dros ddefnyddio GDG gyda Defnyddwyr Geiriau Cyntaf a Chyfunwyr yw y gall fod yn anodd deall yr hyn sydd ganddyn nhw i'w ddweud. Ond wrth ddilyn GDG, fel rheol gallwch ddilyn beth maen nhw'n ceisio ci ddweud.

Mae mam Alys yn gwrando ac yn deall bod Alys yn gofyn iddi oes ganddi hi het.

Peidiwch â chanolbwyntio ar gael eich plentyn i siarad

Dydy gofyn i'ch plentyn ddweud geiriau wrthych chi yn fawr o help i'r plentyn i ddysgu iaith mewn gwirionedd. A dweud y gwir, gall gael yr effaith gwbl groes, oherwydd mae'n tynnu'r hwyl o gyfathrebu. Mae eich plentyn yn gwybod pryd rydych chi eisiau cyfathrebu â nhw go iawn, a phryd rydych chi eisiau iddyn nhw ddweud gair.

Mae rhoi pwysau ar Gwyn i siarad yn gwneud iddo siarad llai. Mae hefyd yn gwneud chwarae gyda'r gegin fach yn llawer llai o hwyl.

Pan fydd mam Gwyn yn peidio â chanolbwyntio ar siarad, mae hi'n gadael i Gwyn arwain. Wedyn mae'n cyfathrebu am fod ganddo rywbeth i'w ddweud.

Mae'r awydd i gyfathrebu yn dod o fod â rhywbeth i'w ddweud a gwybod y bydd rhywun yn gwrando. Felly, yn lle gofyn nifer o gwestiynau i'ch plentyn neu geisio eu cael i ddweud geiriau ar eich ôl, gadewch iddyn nhw arwain y sgwrs, ac yna dilynwch ei harweiniad. Os oes angen eich atgoffa eich hun i beidio â rhoi pwysau ar y plentyn, un awgrym da yw peidio â defnyddio'r gair 'Dyweda'.

Sylwer nad yw 'gadael i'ch plentyn arwain' yn golygu gadael i'r plentyn reoli. Mae yna adegau pan na ddylech chi adael i'ch plentyn arwain. Er enghraifft, gall roi rhywbeth peryglus yn y geg neu dywallt dŵr ar lawr. Ar adegau felly rhaid i chi osod terfynau, dweud 'na' a helpu eich plentyn i ddod o hyd i weithgaredd arall. Y gweithgareddau fydd yn helpu eich plentyn i ddysgu iaith yw'r rhai sy'n caniatáu i chi'ch dau greu cysylltiad a chael hwyl gyda'ch gilydd.

Pam nad yw gadael i'ch plentyn arwain yn hawdd bob amser?

Arddulliau cyfathrebu plant

Mae gan blant wahanol arddulliau cyfathrebu. Mae arddull cyfathrebu plant naill ai'n gwneud hi'n haws i'r plentyn gyfathrebu ag eraill, neu'n anoddach. Mae arddull cyfathrebu plentyn yn dibynnu i raddau helaeth ar ei gallu i wneud dau beth:

- **dechrau** rhyngweithio ag eraill
- **ymateb** pan fydd pobl eraill yn dechrau rhyngweithio â nhw

Mae arddull cyfathrebu plentyn yn dibynnu i raddau helaeth ar ei bersonoliaeth, yn ogystal â pha mor gyfforddus mae'r plentyn yn teimlo mewn sefyllfa benodol. Gall anawsterau iaith fod yn ddylanwad hefyd, yn ogystal ag iechyd corfforol, sgil-effeithiau meddyginiaethau, a'u datblygiad cyffredinol.

Mae pedwar arddull cyfathrebu: Cymdeithasol, Amharod, Goddefol ac Agenda Personol.

Arddull cyfathrebu Cymdeithasol: Bydd plentyn ag arddull cyfathrebu cymdeithasol yn aml yn dechrau rhyngweithio â phobl eraill ac yn ymateb yn rhwydd pan fydd pobl eraill yn rhyngweithio â nhw. Efallai nad yw plentyn sydd ag anawsterau iaith ynghyd ag arddull cyfathrebu Cymdeithasol yn defnyddio geiriau neu gall fod yn anodd ei deall, ond dydy hyn ddim yn ei rhwystro rhag ceisio rhyngweithio ag eraill. Mae'n ei chael yn hawdd arwain mewn rhyngweithiad.

Babi cysgu.

Mae gan Alys arddull cyfathrebu cymdeithasol ac yn ei chael yn hawdd dechrau rhyngweithiad â'i mam.

Arddull cyfathrebu Amharod:

Mae plentyn ag arddull cyfathrebu Amharod yn llawer mwy tebygol o *ymateb* i eraill nag i ddechrau rhyngweithiad. Yn aml mae angen amser ar y plentyn i 'gynhesu' cyn i'r plentyn ddechrau rhyngweithio, yn enwedig os nad ydy'r plentyn yn adnabod yr unigolyn yn dda neu os ydy'r plentyn mewn amgylchedd dieithr. Weithiau, mae'n anodd sylwi ar ei negeseuon ac efallai na fyddwch yn sylwi ei bod wedi cyfathrebu â chi. Gall anawsterau cyfathrebu effeithio ar ei hyder a'i gwneud yn llai tebygol o ryngweithio ag eraill.

Mae gan Anna arddull cyfathrebu Amharod. Mae hi'n ymateb i'w thad pan fyddan nhw'n chwarae â'i gilydd, ond anaml bydd hi'n dechrau rhyngweithiad.

Gall fod yn anodd creu cyswllt â phlentyn fel Katie, sydd ag arddull cyfathrebu Goddefol

Arddull cyfathrebu Goddefol:

Anaml y bydd plentyn ag arddull cyfathrebu Goddefol yn dechrau rhyngweithiad neu'n ymateb. Mae'n anodd creu cyswllt â'r plentyn oherwydd mae fel pe bai'n dangos fawr ddim diddordeb mewn pobl na gwrthrychau. Gall plant sy'n sâl neu sy'n cymryd meddyginiaeth sy'n eu gwneud yn flinedig fod ag arddull mwy goddefol nag y byddai ganddyn nhw fel arall. Mae gan rai plant sy'n datblygu'n araf arddull cyfathrebu goddefol.

Arddull cyfathrebu Agenda Personol: Mae plentyn ag arddull cyfathrebu Agenda Personol fel pe bai'n cau pobl eraill allan, ac mae'r plentyn yn tueddu i chwarae ar ei ben ei hun. Anaml y byddan nhw'n dechrau rhyngweithio ag eraill. Pan fydd yn gwneud hynny, mae fel arfer oherwydd bod y plentyn angen rhywbeth. Gall fod yn waith anodd denu ymateb gan blentyn â'r math hwn o arddull cyfathrebu oherwydd mae fel petai yn ei byd bach ei hun. Gall chwarae ag un tegan am gyfnod hir, neu gall symud yn gyflym o'r naill weithgaredd i'r llall, ond mae fel pe bai'n methu chwarae ar y cyd ag eraill.

Mae gan Carwyn arddull cyfathrebu Agenda Personol. Dydy ei dad ddim yn siŵr sut i gychwyn rhyngweithio ag ef am fod yn well gan Carwyn, i bob golwg, chwarae ar ei ben ei hun.

Meddyliwch am funud pa arddull cyfathrebu sy'n disgrifio eich plentyn orau y rhan fwyaf o'r amser. Mae plant sydd ag arddull cyfathrebu Goddefol, Amharod neu Agenda Personol angen cefnogaeth ychwanegol i gymryd rhan mewn rhyngweithiad. Ond bydd hyd yn oed plant ag arddull cyfathrebu Cymdeithasol yn elwa o'ch ymdrechion i wneud rhyngweithiadau yn fwy llwyddiannus a diddorol ac yn fwy o hwyl.

Rolau rhieni

Bob diwrnod wrth i chi a'ch plentyn sgwrsio â'ch gilydd, rydych yn chwarae sawl rôl. Mae llawer o bethau'n dylanwadu ar y rolau hyn, er enghraifft eich personoliaeth, eich syniadau ynghylch beth yw bod yn rhiant, anawsterau cyfathrebu eich plentyn, ei harddull cyfathrebu a heriau bywyd prysur. Ar ryw adeg neu'i gilydd, mae pob rhiant yn ymgymryd â phob un o'r rolau a ddisgrifir ar y tudalennau canlynol, ond mae chwarae rolau penodol yn rhy aml yn gallu bod yn rhwystr i'ch plentyn wrth i'ch plentyn ddysgu iaith.

Gadewch i ni edrych ar rai o'r rolau nodweddiadol y mae rhieni'n ymgymryd â nhw.

Rôl y Cyfarwyddwr: Mae rhieni yn cyfarwyddo bywydau eu plant bob dydd. Maen nhw'n cynllunio beth fydd eu plant yn ei fwyta, beth fyddan nhw'n ei wisgo, a phryd byddan nhw'n mynd i'r gwely. Ond weithiau mae rhieni yn chwarae rôl y Cyfarwyddwr yn rhy aml. Nhw sy'n siarad gan amlaf, wrth iddyn nhw ddweud wrth eu plant beth i'w wneud a sut i'w wneud. Efallai nad ydyn nhw'n sylweddoli bod gormod o gyfarwyddo yn gallu rhwystro eu plant rhag dysgu. Mae plant yn dysgu orau wrth arwain rhyngweithiadau.

Mae Robyn am ddod o hyd i'r dudalen sy'n dangos yr anghenfil, ond mae ei dad yn chwarae rôl y Cyfarwyddwr, ac yn mynnu eu bod yn darllen y llyfr fesul tudalen.

Mae mam Bryn yn chwarae rôl y Profwr, ac yn rhy brysur yn gofyn cwestiynau i ddilyn camau GDG a sylwi ar beth sydd wedi denu ei ddiddordeb.

Rôl y Profwr: Mae rhieni eisiau i'w plant ddysgu sgiliau newydd. Os nad yw plentyn yn datblygu iaith yn unol â'r disgwyl, gall ei rhieni gredu y dylen nhw weithio hyd yn oed yn galetach i'w helpu i ddysgu. Felly maen nhw'n ymgymryd â rôl y Profwr, ac yn gofyn llawer o gwestiynau i weld beth maen nhw wedi ei ddysgu. Ond dydy profi plentyn ddim yn ei helpu i ddysgu. Mae plentyn yn dysgu orau pan fydd y plentyn yn mwynhau a phan fydd ei rhieni yn gweld beth sydd o ddiddordeb i'r plentyn.

Rôl y Diddanwr: Mae rhiant sy'n chwarae rôl y Diddanwr yn creu digon o hwyl ac yn gwneud beth bynnag sydd ei angen i ddifyrru plentyn. Mae'r Diddanwr yn tueddu i arwain, gan wneud y rhan fwyaf o'r siarad a'r chwarae. Y broblem yw nad yw'r plentyn yn cael llawer o gyfle i ryngweithio ac i fod yn rhan o'r hwyl. Er mwyn dysgu iaith, rhaid i blant gymryd rhan weithredol yn y sgwrs.

Mae Siôn yn mwynhau gweld ei dad yn chwarae rôl y Diddanwr. Ond dydy e ddim yn cael cyfle i gymryd rhan.

Rôl y Cynorthwywr: Pan fydd plentyn yn cael anhawster i ddysgu cyfathrebu, wrth reswm bydd ei rhieni am wneud pethau'n haws i'r plentyn. Maen nhw'n tueddu i chwarae rôl y Cynorthwywr, yn gwneud popeth dros y plentyn heb ddisgwyl i'r plentyn gyfathrebu llawer. Gall rhieni plant ag anghenion arbennig gredu'n gryf y dylen nhw chwarae'r rôl hon. Ond pan fydd rhieni'n rhuthro i helpu, efallai na fyddan nhw'n gweld faint mae eu plentyn yn gallu cyfathrebu a beth sydd o wir ddiddordeb i'r plentyn.

Mae Sofia yn gollwng ei thegan, ac mae ei mam yn troi'n Gynorthwywr, ac yn rhuthro i helpu cyn i Sofia gael cyfle i wneud dim byd drosti ei hun.

Rôl y Rhuthrwr: Mae rhieni plant bach yn bobl brysur, a'u diwrnodau'n llawn o bethau i'w gwneud. Er mwyn ceisio gwneud popeth, mae'n rhaid i rieni symud yn gyflym bob amser. Ond yn rhy aml gall rhieni sy'n rhuthro i bob man golli'r cyfle i greu cysylltiad â'u plentyn a siarad am bethau sydd o ddiddordeb i'r plentyn.

Mae mam Megan yn chwarae rôl y Rhuthrwr oherwydd ei bod hi'n hwyr. Dydy hi ddim yn sylwi bod Megan yn ceisio dweud rhywbeth wrthi.

Rôl y Gwyliwr: Weithiau mae rhieni yn dymuno rhyngweithio â'u plentyn ond dydyn nhw ddim yn siŵr sut i wneud hynny. Weithiau maen nhw'n bodloni ar eu gwylio nhw'n chwarae neu ar wneud sylwadau am beth maen nhw'n ei wneud. Mae hyn yn arbennig o wir os nad ydy'r plentyn yn dangos diddordeb mewn rhyngweithio. Mae plant angen amser i ymchwilio a dysgu ar eu pen eu hunain. Ond er mwyn dysgu iaith, maen nhw angen rhyngweithio â'u rhieni.

Mae tad Carwyn yn chwarae rôl y Gwyliwr, gan wneud sylwadau o'i gadair.

Y Rhiant Ymwybodol

Pan ddaw'n fater o helpu eich plentyn i ryngweithio a dysgu iaith, eich rôl bwysicaf fydd rôl y **Rhiant Ymwybodol** – sy'n ymwybodol o ddiddordebau, anghenion a galluoedd eich plentyn. Mae rhieni ymwybodol yn rhoi cyfleoedd i'w plant i ddechrau rhyngweithiadau, ac yna'n ymateb yn syth gyda diddordeb.

Allwch chi ddim bod yn Rhiant Ymwybodol trwy'r amser. Ond er mwyn chwarae rôl y rhiant ymwybodol yn amlach, gofynnwch i chi eich hun, ydych chi'n siarad gormod, yn gofyn gormod o gwestiynau, yn helpu eich plentyn yn rhy aml neu'n rhuthro mwy nag sydd ei angen.

Pan gafodd tad Robyn gyfle i feddwl, sylweddolodd nad oedd dim rheswm iddo fod yn Gyfarwyddwr a mynnu darllen pob tudalen yn y llyfr. Felly dilynodd arweiniad Robyn a gadael iddo droi at ei hoff dudalen gyda'r llun o'r anghenfil.

Mae tad Robyn yn sylweddoli ei fod yn gwneud sŵn anghenfil ac yn dilyn ei arweiniad. Nawr mae'n rhiant ymwybodol ac mae'r hwyl yn dechrau.

Creu cyfleoedd i'ch plentyn i arwain

Os oes gan eich plentyn arddull cyfathrebu Cymdeithasol neu Amharod, dylai dilyn camau GDG fod yn ddigon i'w hannog i ddechrau rhyngweithio â chi. Ond efallai na fydd GDG yn ddigon i blentyn ag arddull cyfathrebu Agenda Personol neu Oddefol. Os nad yw eich plentyn yn dechrau rhyngweithio â chi hyd yn oed pan fyddwch yn gwneud ymdrech i GDG, efallai fod angen mwy o gymorth ar y plentyn.

Bydd yr awgrymiadau ar y tair tudalen nesaf yn ei gwneud yn haws i'ch plentyn arwain. Ond mae'n well peidio â'u defnyddio'n rhy aml oherwydd gall eich plentyn golli amynedd. Os nad ydyn nhw'n gweithio'n syth, rhowch gynnig arall arni, ond cofiwch ddisgwyl. Os nad yw eich plentyn yn cyfathrebu â chi o hyd, dangoswch i'r plentyn beth allai ei ddweud neu ei wneud ac yna daliwch ati gyda'r gweithgaredd. Bydd yn dysgu o'ch esiampl ac ymhen ychydig amser mae'n bosib bydd y plentyn yn dechrau'r rhyngweithiad.

Rwyt ti eisiau dy dedi!

Trwy roi ei hoff degan allan o'i gyrraedd, mae mam Miguel yn creu cyfle iddo ofyn am ei dedi.

Helpu eich plentyn i ofyn am rywbeth

Os ydych yn gwybod bod eich plentyn eisiau rhywbeth, yn lle rhuthro i'w roi iddo, crëwch gyfle i'r plentyn ofyn amdano. Isod fe gewch chi rai syniadau ar gyfer helpu eich plentyn i ofyn am bethau.

✦ **Rhowch hoff degan allan o gyrraedd y plentyn … yna arhoswch:** Pan fydd eich plentyn eisiau tegan neu lyfr, rhowch ef yn rhywle lle gall y plentyn ei weld ond lle mae allan o gyrraedd y plentyn, ac yna disgwyliwch hyd nes i'r plentyn wneud rhywbeth i ofyn amdano. Cyn gynted ag y bydd y plentyn yn gofyn amdano, rhowch ef i'r plentyn.

✦ **Cynigiwch ychydig … yna arhoswch:** Yn lle rhoi darn mawr o afal neu gwpan llawn sudd i'ch plentyn, rhowch ychydig i'r plentyn ac arhoswch iddi ofyn am ragor ac arhoswch eto. Cyn gynted ag y gwnaiff hynny, rhowch ychydig rhagor iddi, ac arhoswch eto.

Dod.

Diod. Dyma ragor o ddiod.

Trwy roi ychydig o ddiod i Gwyn, mae ei dad yn creu cyfle iddo ofyn am ragor.

✦ **Dewiswch weithgaredd lle mae eich plentyn angen eich help … yna arhoswch:** Mae plant wrth eu bodd â swigod, teganau weindio a theganau sy'n chwarae cerddoriaeth. Oherwydd bod eich plentyn angen eich help i wneud i'r teganau hyn weithio, gallwch eu defnyddio i'w hannog i arwain y rhyngweithiad. Yn lle mynd ati'n syth i chwythu'r swigod, weindio'r tegan neu droi'r gerddoriaeth ymlaen, arhoswch er mwyn creu cyfle i'ch plentyn i ofyn am eich help. Pan fydd y plentyn yn gofyn i chi ei helpu, gwnewch hynny. Ond peidiwch â weindio'r tegan i'r pen, a chwythwch ychydig o swigod yn unig ar y tro. Trwy wneud hynny byddwch yn rhoi mwy o gyfle i'r plentyn i ofyn i chi ei wneud eto.

Ar ôl i'r tegan weindio stopio, mae tad Sofia yn aros, ac mae hynny'n creu cyfle i Sofia ofyn iddo ei weindio eto.

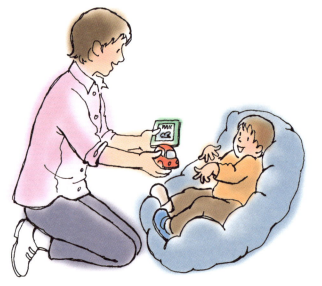

✦ **Cynigiwch ddewis … yna arhoswch:**
• Mae'n haws i blentyn ddewis pan fyddwch yn rhoi dau ddewis yn unig.

Mae mam Jac yn creu cyfle iddo ddewis trwy estyn am y tegan mae eisiau.

✦ **Cymerwch saib yng nghanol gweithgaredd cyfarwydd … yna arhoswch:** Pan fyddwch chi a'ch plentyn yn gwneud rhywbeth y gellir ei ailadrodd drosodd a throsodd – fel chwarae 'Cosi', neu 'Gee Ceffyl Bach' – cymerwch saib bob hyn a hyn yng nghanol y gweithgaredd. Yna gall eich plentyn ofyn i chi barhau.

Mae tad Hanifa yn stopio yng nghanol 'Gee Ceffyl Bach', ac mae hi'n chwifio ei breichiau i ddweud wrtho am gadw i fynd.

Cynorthwyo eich plentyn i wneud sylw neu ofyn cwestiwn

✦ **Newidiwch weithgaredd cyfarwydd ... yna arhoswch:** Yn lle cymryd saib yng nghanol gweithgaredd cyfarwydd, gallwch ei newid neu hepgor un cam. Gall yr annisgwyl greu cyfle i'ch plentyn ymateb a dechrau rhyngweithiad trwy wneud sylw neu ofyn cwestiwn i chi.

Pan fydd tad Siôn yn gwneud rhywbeth yn anghywir, mae'n rhoi cyfle i Siôn adael iddo wybod ei fod wedi gwneud 'camgymeriad'.

✦ **Cuddiwch bethau mewn lleoedd annisgwyl ... yna arhoswch:** Gadewch i'ch plentyn ddod o hyd i rywbeth annisgwyl er mwyn creu cyfle i'r plentyn ddweud wrthych chi amdano.

Mae mam Gruff wedi cuddio tegan lle bydd yn dod o hyd iddo, gan greu cyfle iddo ddweud wrthi am y darganfyddiad annisgwyl.

✦ **Pan fydd rhywbeth yn mynd o'i le ... arhoswch:** Bob dydd, mae pethau bach yn mynd o chwith. Mae llwyau'n disgyn ar lawr, mae creonau'n torri a diod yn colli ar lawr. Yn lle delio'n syth â'r problemau bach hyn, arhoswch ychydig eiliadau i weld beth fydd eich plentyn yn ei ddweud neu ei wneud. Byddwch yn creu cyfle i'r plentyn anfon neges atoch chi.

Yn lle codi bisged Robyn yn syth, mae ei fam yn aros ac yn ei wylio. Wedyn mae Robyn yn gadael iddi wybod bod ei fisged wedi disgyn ar y llawr.

Dilyn arweiniad eich plentyn

Rydych chi a'ch plentyn yn rhyngweithio bob dydd wrth wneud gweithgareddau fel gwisgo, mynd ar y bws neu chwarae yn y parc. Y gweithgareddau pob dydd hyn sy'n creu'r cyfleoedd gorau i ddysgu iaith. Po fwyaf y bydd eich plentyn yn arwain yn ystod y gweithgareddau hyn, mwyaf o gyfle gewch chi i ymateb trwy ddilyn ei arweiniad. Bydd hynny yn ei dro yn rhoi hwb i'w hyder a'i sgiliau cyfathrebu. Yn y bennod yma, byddwch yn dysgu sut i ddilyn arweiniad eich plentyn er mwyn gadael i'r rhyngweithiad ddatblygu.

Dilyn arweiniad eich plentyn a gadael i'r rhyngweithiad ddatblygu

Mae dilyn arweiniad eich plentyn yn golygu ymateb yn frwdfrydig i'r neges mae eich plentyn yn ei chyfathrebu i chi. Mae'n golygu rhoi gwybod i'ch plentyn eich bod chi wedi derbyn ei neges a rhoi'r teimlad iddo fod ei neges yn ddiddorol ac yn bwysig. Mae'n golygu hefyd ymateb trwy adeiladu ar y neges y mae wedi ei chyfathrebu.

Mae sawl ffordd o ddilyn arweiniad eich plentyn:

- Ymateb ar unwaith yn frwdfrydig
- Ymuno yn y chwarae
  - chwarae fel plentyn
  - defnyddio synau a geiriau hwyliog
  - chwilio am eich teganau eich hun
  - chwarae esgus
- Dilyn arweiniad eich plentyn yn eich symudiadau a'ch geiriau
  - dynwared
  - dehongli
  - gwneud sylw
- Cyflawni dymuniad

Ymateb ar unwaith yn frwdfrydig

Pan fydd eich plentyn yn dechrau rhyngweithio â chi, dylech ymateb *ar unwaith*. Os bydd yn anfon neges o unrhyw fath atoch chi – edrychiad, gwên, symudiad corff, ystum neu air – gwnewch neu dywedwch rywbeth ar unwaith i adael iddo wybod eich bod chi wedi derbyn ei neges. Bydd ymateb yn syth ac yn frwdfrydig yn helpu eich plentyn i gysylltu eich ymateb â'r neges a anfonodd. Mae hyn yn rhoi hwb i'w sgiliau iaith a hefyd i'w hyder. Mae plentyn yn cael ei ddenu at wyneb sy'n gwenu, ac mae eich gwên yn ffordd wych o ddangos i'ch plentyn fod gennych ddiddordeb. Mae ymateb mewn llais bywiog yn helpu hefyd.

Pan fyddwch yn ymateb, gwnewch yn siŵr eich bod yn ymateb i beth bynnag sy'n denu diddordeb eich plentyn, ac nid i beth sy'n bwysig yn eich barn chi. Holwch eich hun beth mae e'n ei feddwl a'i deimlo, yna dangoswch iddo fod gennych chi ddiddordeb yn y pethau sydd o ddiddordeb iddo *ef*.

Mae'r rhesymau dros ddilyn diddordcbau eich plentyn yn syml:

- mae'n fwy tebygol o gyfathrebu ynghylch y pethau sydd o ddiddordeb iddi/iddo
- bydd yn dysgu mwy pan fydd eich ymateb yn gysylltiedig â'i neges
- mae'n anodd iawn iddo droi ei sylw o rywbeth sy'n ddiddorol iddo fe i rywbeth sy'n ddiddorol i chi

Os yw eich plentyn yn Ddarganfyddwr, mae eich ymateb sydyn yn ei helpu i ddeall bod ei symudiadau a'i synau yn golygu rhywbcth i chi. Mae hyn yn ei dro yn ei helpu i wneud y cyswllt cyfathrebu, wrth iddo sylweddoli bod yr hyn mae'n ei wneud neu'n ei ddweud yn effeithio ar y bobl o'i gwmpas.

Mae mam Sofia yn ymateb yn frwdfrydig i neges Sofia. Mae hyn yn dangos i Sofia fod y pethau sydd o ddiddordeb iddi hi hefyd o ddiddordeb i'w mam.

Ymuno yn y chwarae

Un o'r ffyrdd gorau o ddilyn arweiniad eich plentyn yw ymuno yn y chwarae. Wrth wneud hyn rydych yn creu pob math o gyfleoedd i fwynhau a chyfathrebu. Bydd hyn yn sicrhau bod y rhyngweithiadau rhyngoch chi a'ch plentyn yn parhau'n hirach.

Y cam cyntaf yw wynebu'ch gilydd a dilyn camau GDG: Gwylio, Disgwyl a Gwrando (OWL™) fel eich bod yn gallu gweld yn union sut mae eich plentyn yn chwarae. Efallai bydd yn dechrau rhyngweithio â chi, ac os felly, dylech ddilyn ei arweiniad ac ymuno yn y chwarae. Hyd yn oed os na fydd yn cyfathrebu â chi, dylech ymuno a chwarae fel mae e'n chwarae. Peidiwch â newid y gêm a pheidiwch â dweud wrtho beth i'w wneud. Y nhw sy'n arwain y chwarae. Os ydy'r plentyn yn gyrru car bach ar hyd y llawr, cymerwch gar arall ac ewch ar eich gliniau wrth ochr y plentyn. Gyrrwch eich car tuag at gar y plentyn, ac arhoswch i weld beth fydd yn digwydd. Os bydd y plentyn yn eich tynnu chi i mewn i'r gêm trwy yrru'r car tuag at eich car chi neu hyd yn oed i mewn i'ch car chi, copïwch nhw. Gallwch wneud synau car ac aros i weld beth wnaiff y plentyn. Pan fydd eich plentyn yn sylweddoli eich bod chi'n dilyn y gêm, dylai'r rhyngweithiad ddatblygu'n gyflym!

Cofiwch ddisgwyl ar ôl i chi gymryd eich tro er mwyn rhoi mwy o gyfleodd i'r plentyn i arwain y rhyngweithiad. Yna dilynwch yr arweiniad eto. Dyma gynnwys rhai syniadau defnyddiol ynghylch sut i ymuno yn y chwarae.

Wrth ymuno yn y chwarae rydych yn troi'n Rhiant Ymwybodol

Cymerwch gip arall ar yr adran ar Rolau Rhieni ym Mhennod 2. Os ydych yn gweld eich bod yn dueddol o chwarae rhan y …

- **Cyfarwyddwr** – cymerwch fwy o ran yn y chwarae, ond peidiwch â chymryd drosodd
- **Profwr** – canolbwyntiwch ar chwarae a mwynhau yn lle gofyn cwestiynau
- **Cynorthwywr** – arhoswch i roi cyfle i'ch plentyn archwilio a darganfod ar ei ben ei hun, yn lle dangos i'r plentyn sut i chwarae
- **Gwyliwr** – cymerwch ran yn y chwarae trwy ddefnyddio teganau i chwarae fel plentyn
- **Diddanwr** – eisteddwch yn ôl a gadael i'ch plentyn arwain y chwarae, yn lle hawlio'r llwyfan

Cymerwch rôl y Rhiant Ymwybodol wrth chwarae gyda'ch plentyn. Gadewch i'ch plentyn chwarae fel y mynno. Dilynwch yr arweiniad a chanolbwyntiwch ar chwarae gyda'ch gilydd a chael hwyl.

Chwarae fel plentyn

Allwch chi gofio sut oeddech chi yn blentyn, cymaint o hwyl gawsoch chi yn adeiladu tŵr, yn chwarae gyda theganau yn y bath, yn gyrru eich ceir bach ar hyd y llawr neu'n gwisgo eich doliau? Edrychwch ar deganau a gweithgareddau chwarae trwy lygaid eich plentyn. Gorweddwch ar y llawr gyda'r plentyn a mwynhewch! Mae plant ifanc yn aml yn chwarae heb gynllun felly peidiwch â phoeni ynghylch beth sy'n mynd i ddigwydd nesaf neu p'un a ydy'r plentyn yn chwarae yn y ffordd 'iawn'. Ewch gyda'r llif, a dilynwch ddiddordeb eich plentyn.

Defnyddio synau a geiriau hwyliog

Mae plant yn mwynhau clywed a gwneud synau a geiriau hwyliog. Mae'n hawdd cofio synau a geiriau hwyliog oherwydd maen nhw'n cael eu dweud gyda llawer o frwdfrydedd ac yn aml yn cael eu cysylltu ag ystumiau.

Defnyddiwch synau a geiriau sy'n cyd-fynd â'r gweithgaredd. Os ydych chi'n mynd i lawr llithren yn y parc gyda'ch gilydd, mae'n hwyl dweud 'Wiiiiii!' Os ydych chi'n esgus rhoi dol yn y gwely, dywedwch 'Hisssht!' a rhowch eich bys ar eich ceg. Pan fydd rhywbeth yn mynd o'i le, dywedwch 'Y-o' neu 'Wps!' gan roi eich llaw ar eich pen.

Mae'n siŵr bod eich plentyn yn hoffi synau anifeiliaid, fel 'mŵ' neu "miaw', synau angenfilod a chymeriadau eraill, fel 'Rrrrarrr!' a synau cerbydau, fel 'sh-sh-sh' am drên. Dyma rai geiriau difyr eraill y gallai eich plentyn eu mwynhau:

- **Bŵm!** – pan fydd sŵn mawr neu rywbeth yn disgyn
- **Brwm-brwm! a Bîp-bîp!** – pan fydd yn chwarae â char neu lori fach
- **Ow!** – gyda golwg boenus ar eich wyneb wrth i chi gyffwrdd y rhan o'ch corff chi neu o gorff eich plentyn sy'n brifo
- **Pssshhh!** – i ddynwared sŵn dŵr yn llifo
- **Ych a fi!** – gan fynd ati i wneud wyneb hyll
- **Iym! neu Mmmmm!** – wrth rwbio eich bol
- **Ta-ta!** – pan fyddwch yn codi llaw i ffarwelio
- **Pi-po!** – pan fyddwch yn chwarae gêm guddio
- **Pop!** – pan fydd swigod yn byrstio neu pan fydd tegan fel Jac yn y Bocs yn neidio i fyny'n sydyn
- **I fyny! Ac i lawr!** – dylai goslef eich llais godi ar y diwedd wrth ddweud *i fyny*, ac i lawr ar y diwedd wrth ddweud *i lawr*
- **Twît twît! Wff! Soch!** – a synau anifeiliaid eraill

Chwilio am eich teganau eich hun

Mae'n anodd ymuno yn y chwarae pan fo'r unig degan gan eich plentyn. Pan fydd hynny'n digwydd mae'n hawdd troi'n Wyliwr. Yr ateb yw chwilio am eich tegan eich hun, un sy'n debyg i degan eich plentyn. Er enghraifft, os yw eich plentyn yn 'gyrru' lori fach ar hyd y llawr neu'n gwneud pentwr o flociau, chwiliwch am degan i'w yrru neu ei adeiladu'n bentwr. Gwnewch yn siŵr bod gennych degan arall wrth law rhag ofn y bydd eich plentyn eisiau eich tegan chi neu eisiau cael tegan ym mhob llaw.

Chwarae esgus

Pan fydd plant yn cyrraedd cyfnodau'r Defnyddiwr Geiriau Cyntaf a'r Cyfunwr maen nhw'n dechrau esgus wrth chwarae. (Gall rhai Cyfathrebwyr sy'n gallu deall llawer mwy o iaith nag y maen nhw'n gallu ei mynegi esgus wrth chwarae hefyd). Maen nhw'n cymryd arnyn nhw fod teganau'n wrthrychau go iawn, er enghraifft esgus eu bod yn siarad gyda Nain neu Mam-gu ar ffôn degan. (Fe ddysgwch fwy am chwarae esgus ym Mhennod 7.) Mae esgus yn ffordd wych o ymuno yn y chwarae. Dim ond i chi gymryd rhan cymeriad ac ymddwyn felly byddwch yn gwneud y chwarae yn hwyl!

Mae rhyngweithio'n hwyl pan fydd Gwyn yn esgus bwydo ei fam â chawl a hithau'n esgus yfed y cawl a'i fwynhau.

Dilyn arweiniad eich plentyn yn eich symudiadau a'ch geiriau

Pan fyddwch yn dilyn arweiniad eich plentyn yn eich symudiadau a'ch geiriau rydych yn ymateb i'r hyn mae'n ei ddweud a'i wneud, ac yn rhoi gwybod i'r plentyn eich bod yn gwrando. Dros y tair tudalen nesa fe welwch rai strategaethau fydd yn gadael i'r rhyngweithiad ddatblygu mewn ffordd naturiol a di-straen heb ganolbwyntio ar gael eich plentyn i siarad.

Dynwared

Un o'r ffyrdd gorau oll o greu cysylltiad â phlentyn ifanc sydd newydd ddechrau cyfathrebu ydy dynwared y plentyn trwy gopïo symudiadau, ystumiau wyneb, synau a geiriau'r plentyn. Dechreuwch trwy wynebu eich plentyn a dilyn camau GDG (OWL). Yna gwnewch yn union fel mae'r plentyn yn ei wneud. Os bydd y plentyn yn taro ei gadair uchel, gwnewch yr un fath. Os bydd y plentyn yn gwneud sŵn, gwnewch yr un sŵn gyda'r un rhythm, yr un mor uchel a gyda'r un tôn. Os yw eich plentyn yn Ddarganfyddwr neu'n Gyfathrebwr, dynwaredwch unrhyw sŵn mae'n ei wneud heblaw crio – unrhyw le, unrhyw bryd.

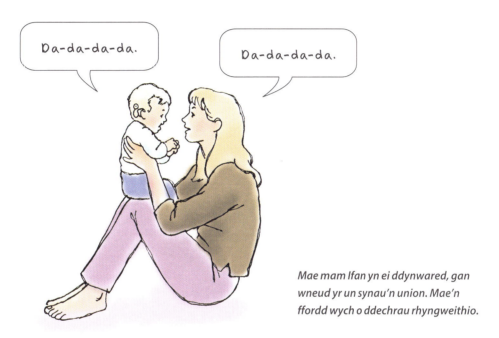

Mae mam Ifan yn ei ddynwared, gan wneud yr un synau'n union. Mae'n ffordd wych o ddechrau rhyngweithio.

Peidiwch â chywiro eich plentyn pan fydd yn ynganu gair yn anghywir

Pan fydd plant yn dysgu siarad, maen nhw'n cael trafferth i ynganu llawer o eiriau. Os bydd eich plentyn yn dweud gair ond yn ei ynganu'n anghywir, ymatebwch trwy ailadrodd y gair yn gywir. Er enghraifft, os bydd yn gweld trên ond yn dweud 'tên' dywedwch 'ie, trên ydy hwnna' fel bydd yn eich clywed yn dweud y gair. Os bydd y plentyn yn parhau i siarad am y trên, ailadroddwch y gair 'trên' wrth ymateb i'r plentyn. Does dim angen dweud wrth y plentyn ei fod yn camynganu'r gair neu ofyn i'r plentyn ailadrodd y gair. Gadewch i'r plentyn brofi fel ei fod yn teimlo'n hyderus, nid yn swil am y ffordd y mae'n siarad. Mae dysgu ynganu geiriau'n gywir yn cymryd llawer o amser.

Dehongli

Mae dehongli neges eich plentyn – mynegi mewn geiriau y neges rydych chi'n meddwl y mae'r plentyn yn ei ddweud wrthych chi – yn ffordd effeithiol o roi gwybod i'r plentyn eich bod yn gwrando ac yn ceisio deall. Mae rhiant yn gorfod dehongli pan fydd plant yn cyfathrebu trwy synau ac ystumiau, ond rhaid gwneud hynny weithiau hefyd pan fydd geiriau plentyn yn anodd eu deall.

Cyn i chi ddehongli neges eich plentyn rhaid i chi ddilyn camau GDG i wneud yn siŵr eich bod yn deall y neges. Pan fyddwch wedi ei deall, gallwch ei dehongli gan ddefnyddio brawddegau byr, gramadegol gywir.

Er enghraifft, os yw eich plentyn yn pwyntio at gi mawr yn cael ei gerdded ar dennyn, meddyliwch beth sydd wedi dal ei sylw. Os ydych yn credu bod y syniad o gi mor fawr wedi denu ei sylw, dywedwch hynny wrtho. Er enghraifft, 'Mae hwn yn gi mawr iawn!' Bydd eich clywed chi yn 'cyfieithu' ei neges ar ffurf geiriau, mewn brawddeg fer, ramadegol gywir yn ei helpu i ddysgu dweud y geiriau hynny pan fydd yn barod.

Pan fydd tad Robyn yn ei wynebu, mae'n gweld bod Robyn yn cicio ei draed er mwyn dweud wrtho am wthio'r siglen. Felly mae'r tad yn dehongli trwy ddweud 'Gwthio!'

Gwneud sylw

Ffordd arall o ddilyn arweiniad eich plentyn yw trwy wneud sylw sy'n cyd-fynd â'r hyn mae'n ei wneud neu'n ei ddweud y funud honno. Pan fydd eich sylw yn adeiladu ar yr hyn mae eich plentyn yn ei wneud neu'n ei ddweud, mae'n helpu i gadw'r rhyngweithiad i fynd. Hefyd, mae sylwadau yn dysgu pethau diddorol i'ch plentyn. Defnyddiwch frawddegau byr, gramadegol gywir wrth wneud sylw.

Mae mam Siôn yn dilyn ei arweiniad trwy wneud sylw.

Gofynnwch gwestiwn (ond ddim yn rhy aml)

Mae cwestiynau'n rhan naturiol o sgwrs. Gallwch ddilyn arweiniad eich plentyn trwy ofyn cwestiynau, ond gall cwestiynau roi eich plentyn dan bwysau. Mae hyn yn arbennig o wir os ydych yn gofyn gormod o gwestiynau neu gwestiynau nad ydyn nhw'n ymwneud â'r pethau mae gan eich plentyn ddiddordeb ynddyn nhw.

Byddwn yn trafod cwestiynau'n fanylach ym Mhennod 4. Am y tro – oni bai fod eich plentyn yn Ddarganfyddwr (gweler tudalen 44) – peidiwch â gofyn gormod o gwestiynau. Y ffordd orau o ddilyn arweiniad eich plentyn yw trwy ddynwared, dehongli a gwneud sylwadau.

*Mae Gwen bob amser yn awyddus i roi mwythau i Pero, felly mae ei mam yn **dehongli** ystyr 'Aaaa'. Yna mae'n **gwneud sylw**.*

Cyfuno ymatebion wrth ddilyn arweiniad eich plentyn

Pan fyddwch yn dilyn arweiniad eich plentyn yn eich symudiadau a'ch geiriau, yn aml byddwch yn cyfuno dau fath o ymateb. Yn gyffredinol, pan fyddwch yn ymateb i'ch plentyn – trwy ddynwared, gwneud sylw neu ofyn cwestiwn – peidiwch â defnyddio mwy na dau o'r ymatebion hyn ar unwaith.

*Mae mam Bryn yn ei **ddynwared** ac yna'n **dehongli** ei neges.*

Cyflawni dymuniad

Pan fydd eich plentyn yn gofyn am rywbeth, mae'n bwysig ei roi i'r plentyn os gallwch chi. Er enghraifft, os bydd y plentyn yn rhoi gwybod i chi ei fod eisiau gwisgo ei hoff grys T, dilynwch ei arweiniad trwy ddynwared neu ddehongli'r hyn mae e wedi ei ddweud neu trwy wneud sylw … ac yna gadewch i'r plentyn gael ei ddymuniad trwy wisgo'r crys T amdano.

*Pan fydd Cai yn gofyn i'w fam wisgo ei hosan, mae'n dehongli ei neges ac yna'n **cyflawni ei ddymuniad** trwy wisgo ei hosan.*

Trwy gyflawni dymuniad eich plentyn rydych yn gadael i'r plentyn brofi grym cyfathrebu llwyddiannus. Rydych yn gadael iddo gael rhai o'r pethau mae'r plentyn eisiau. Weithiau bydd eich plentyn yn gofyn am rywbeth na all ei gael. Os felly, gadewch i'r plentyn wybod eich bod wedi deall ei neges ac egluro pam na chaiff yr hyn mae'r plentyn eisiau – fel mae tad Gwyn yn ei wneud.

Mae tad Gwyn yn meddwl ei fod wedi cael digon o sudd. Felly mae'n dweud wrtho fod y sudd wedi gorffen a dyw e ddim yn rhoi rhagor iddo.

Dilyn arweiniad eich plentyn mewn gwahanol gyfnodau

Dilyn arweiniad y Darganfyddwr

Mae dilyn camau GDG gyda Darganfyddwr yn dweud llawer wrthych chi ynghylch sut mae'r plentyn yn teimlo a beth mae'r plentyn eisiau. Er nad ydy'r plentyn yn cyfathrebu'n fwriadol, gallwch ymateb i'r plentyn fel bai'n gwneud hynny.

Dynwared: Dynwaredwch symudiadau corff ac ystumiau wyneb Dynwaredwr. Os bydd y plentyn yn tynnu tafod yna gwnewch chi yr un fath. Yn bwysicaf oll, dynwaredwch ei synau yn union fel y bydd yn eu dweud. Os bydd y plentyn yn dweud 'Ba-ba-ba-ba,' gwnewch yr un fath. Dynwaredwch y plentyn mor aml â phosib. Mae'n creu cysylltiad arbennig rhyngoch. Efallai bydd eich plentyn yn aros yn llonydd ac yn edrych arnoch chi. Os byddwch yn disgwyl, gall hyd yn oed ddechrau eich dynwared chi!

Mae mam Falmai yn ailadrodd ei synau yn union fel mae hi'n eu dweud. Mae'n ffordd wych o ddechrau rhyngweithio.

Dehongli: Dehonglwch symudiadau, ystumiau wyneb a synau'r Darganfyddwr fel pe bai nhw'n *dweud rhywbeth wrthych chi*. Er enghraifft, os byddan nhw'n gwneud sŵn hapus pan fyddwch yn cosi'r plentyn, dehonglwch hynny fel ffordd o ddweud wrthych ei fod yn hoffi cael ei gosi gan ddweud, 'Rwyt ti wrth dy fodd yn cael dy gosi! Cosi cosi!' wrth i chi ei gosi eto. Does dim rhaid i chi siarad mewn brawddegau byr. Er na all eich plentyn ddeall eich geiriau, mae wrth ei fodd yn gwrando ar y gerddoriaeth yn eich llais, felly siaradwch mewn llais hwyliog.

> Dyma Andrew'n dod. Mae Andrew eisiau dwend helô.

Mae tad Katie yn sylwi ei bod yn edrych ar ei brawd mawr, ac yn dilyn arweiniad Katie ac yn gwneud sylw.

Gwneud Sylw: Siaradwch â Darganfyddwr fel pe bai'n gallu siarad â chi. Gwnewch sylwadau'n aml am beth rydych chi'n ei wneud a beth sy'n digwydd o'ch cwmpas. Er enghraifft, os bydd eich plentyn yn tisian, gallech ddweud, 'O dyna disian mawr!' Os bydd yn troi ei ben pan fydd y ffôn yn canu, gallech ddweud, 'Dyna'r ffôn! Efallai mai Taid sy'n ffonio i ddweud ei fod yn dod yma i swper.'

Gofyn cwestiwn: I Ddarganfyddwyr, mae cwestiynau'n ffordd dda o gadw mewn cysylltiad. Er nad yw eich plentyn yn deall eich geiriau, mae wrth ei fodd â sŵn eich llais. Pan fyddwch yn gofyn cwestiwn, mae tôn eich llais yn newid, ac mae hynny'n denu diddordeb y plentyn. Gallwch ofyn pob math o gwestiynau i Ddarganfyddwr. Er enghraifft, os bydd y plentyn yn troi tuag at sŵn y tu allan i'r ystafell, gallwch holi, 'Glywaist ti sŵn?' neu 'Wnaeth Dadi sŵn mawr?' Os bydd yn dylyfu gên, gallwch ofyn 'Ydi'n amser i ti gael nap?' neu 'Wyt ti wedi blino?' Dydy'r geiriau rydych yn eu defnyddio ddim mor bwysig. Yr hyn sy'n bwysig yw bod eich plentyn yn clywed eich llais ac yn gwybod eich bod yn ymateb.

Ymuno yn y chwarae: Mae Darganfyddwyr yn hoffi taro ac ysgwyd teganau a rhoi teganau yn eu cegau. Pan fyddwch yn ymuno yn y chwarae gyda Darganfyddwr, rhaid i chi gofio GDG fel eich bod yn gwybod pryd mae angen amser i'r plentyn i archwilio pethau newydd. Er mwyn ei gwneud yn haws iddo edrych arnoch pan fydd yn dal tegan, wynebwch y plentyn. Os byddwch yn dangos tegan i'r plentyn, fel ratl, daliwch ef yn agos i'ch wyneb.

Weithiau rhaid i chi ddal sylw eich plentyn cyn y bydd yn edrych ar degan. I wneud hyn gwnewch rywbeth diddorol â'r tegan: gallwch ei ysgwyd, ei symud o gwmpas neu gyffwrdd yn chwareus â'ch plentyn â'r tegan. Symudwch deganau a gwrthrychau eraill o gwmpas yn araf fel nad yw'r symud a'r sŵn yn ormod i'r plentyn. Er mwyn helpu eich plentyn i symud ei ffocws o'r tegan i chi, gwnewch synau hwyliog, diddorol – fel clicio eich tafod, neu alw enw eich plentyn yn dawel. Os bydd eich plentyn yn edrych arnoch, hyd yn oed am eiliad neu ddwy, ymatebwch yn syth ac yn frwdfrydig trwy edrych i fyw ei lygaid, gwenu a dweud rhywbeth – unrhyw beth – wrtho.

Dyma dy dedi. Edrycha! Mae'n dawnsio!

Mae Jac yn estyn am ei dedi, ac mae ei fam yn dehongli ei fod yn gofyn amdano. Er mwyn ymuno yn y chwarae, mae hi'n gwneud i'r arth fach ddawnsio.

Dilyn arweiniad y Cyfathrebwr

Wynebwch y Cyfathrebwr a'i wylio wrth iddo gymryd diddordeb mewn rhywbeth. Arhoswch i'r plentyn anfon neges atoch. Gofynnwch i chi eich hun 'Beth mae'n feddwl? Beth mae'n deimlo?' fel y byddwch yn barod i ddilyn ei arweiniad. Yn gynnar yn y cyfnod hwn, efallai bydd eich plentyn yn dal i ddysgu sut i rannu ei feddyliau â chi. I wneud hyn, rhaid i'r plentyn droi yn ôl ac ymlaen i edrych arnoch chi ac ar beth bynnag mae'n meddwl amdano a rhoi gwybod i chi beth sydd wedi dal ei sylw. Er mwyn ei gwneud yn haws i'r plentyn edrych yn ôl ac ymlaen rhyngoch chi a'r gwrthrych, lleolwch eich hun wrth ochr y gwrthrych, pwyntiwch ato neu codwch ef a'i ddal nesaf at eich wyneb.

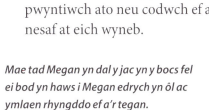

Mae tad Megan yn dal y jac yn y bocs fel ei bod yn haws i Megan edrych yn ôl ac ymlaen rhyngddo ef a'r tegan.

Dynwared: Os nad ydych chi'n siŵr beth i'w wneud, dynwaredwch! Mae Cyfathrebwyr wrth eu bodd pan fyddwch yn dynwared eu symudiadau, eu hystumiau wyneb a'u synau. Gwnewch yr un fath â'ch plentyn. Dywedwch yr un synau neu eiriau, gan ddefnyddio'r un rhythm, yr un mor uchel ac yn yr un tôn. Dynwaredwch bob cyfle posib. Os bydd eich plentyn yn gwneud rhywbeth yr eilwaith, dynwaredwch yr eilwaith. Mae dynwared yn gallu rhoi hwb i'r rhyngweithio trwy greu gêm sy'n mynd yn ôl ac ymlaen. A thrwy ddynwared eich plentyn, rydych yn ei helpu i ddysgu eich dynwared chi.

Dehongli: Mae'r Cyfathrebwr yn anfon negeseuon penodol gan ddefnyddio symudiadau, edrychiadau, ystumiau a synau. Pan fydd eich plentyn yn cyfathrebu, dehonglwch y neges mae'n ceisio ei chyfleu i chi trwy ei rhoi mewn geiriau. Er enghraifft, os byddwch yn rhoi darn o fanana iddo, ac yntau'n troi ei ben i ffwrdd gan ddweud 'Na, na,' dehonglwch hyn gan ddweud 'Dwyt ti ddim eisiau'r banana'.

Mae dehongli yn gweithio yn yr un ffordd pan fydd eich plentyn yn dysgu arwyddion neu'n pwyntio at lun. Gwnewch yr arwydd neu pwyntiwch at y llun wrth ddehongli neges eich plentyn. Pan fyddwch yn dehongli ei neges cofiwch ddweud y gair sy'n cyd-fynd â'r arwydd neu'r llun bob tro. Er nad yw'n dweud geiriau eto, gall dehongli ei helpu i ddysgu cyfathrebu â geiriau pan fydd yn barod.

Mae mam Hanifa yn dehongli ei neges trwy wneud arwydd 'bisged' a dweud y gair yr un pryd.

Gwneud sylw: Gwnewch sylw sy'n gysylltiedig â neges eich plentyn neu â'r hyn sy'n digwydd ar y pryd. Er mwyn gwneud yn siŵr bod eich plentyn yn eich deall, cadwch eich ymatebion yn fyr ac yn ramadegol gywir.

Ymuno yn y chwarae: Ffordd wych o ymuno yn y chwarae gyda Chyfathrebwr yw trwy ddynwared sut mae'n chwarae â'i deganau. I wneud hyn, rhaid i chi gael eich teganau eich hun. Os ydy'r plentyn yn rhoi siapiau mewn tyllau, ymunwch ac ychwanegwch eich siapiau eich hun. Os ydy'r plentyn yn tywallt dŵr o gwpan i fwced, ymunwch â'r plentyn a thywalltwch ddŵr o'ch cwpan chi i'w bwced. Tra byddwch yn chwarae, gwnewch synau hwyliog a chadw eich llais yn fywiog er mwyn cynnal diddordeb y plentyn yn y rhyngweithiad.

Ffordd wych o ymuno yn y chwarae gyda Chyfathrebwr yw trwy ddynwared sut mae'n chwarae â'i deganau.

Dilyn arweiniad y Defnyddiwr Geiriau Cyntaf

Wynebwch eich plentyn a dilynwch gamau GDG. Efallai bydd eich plentyn yn anfon neges atoch yn syth bin, neu efallai bydd angen amser arno i ddechrau rhyngweithio. Trwy ddilyn camau GDG, rydych yn rhoi cyfle iddo i ddechrau sgwrs ynghylch rhywbeth sydd o ddiddordeb iddo.

Pan fydd yn dechrau'r sgwrs, ymatebwch trwy ddweud rhywbeth sy'n gysylltiedig â'r hyn mae newydd ei ddweud. Wrth wneud hynny, rydych yn adeiladu ei allu i gyfathrebu ynghylch y pethau sydd eisoes ar ei feddwl.

Dynwaredwch air eich plentyn a'i osod mewn brawddeg fer.

Dehonglwch neges eich Defnyddiwr Geiriau Cyntaf trwy roi iddo'r geiriau sy'n cyd-fynd â'r neges.

Dynwared: Dynwaredwch symudiadau, synau a geiriau eich Defnyddiwr Geiriau Cyntaf. Mae dynwared yn strategaeth effeithiol sy'n annog plant yn y cyfnod yma i barhau i ryngweithio. Gall fod yn gymorth arbennig wrth ddechrau rhyngweithiad a'i gadw i fynd os oes gan eich plentyn arddull cyfathrebu Agenda Personol.

Dehongli: Dehonglwch ystumiau, synau a geiriau eich Defnyddiwr Geiriau Cyntaf trwy roi ei gair nhw mewn brawddeg fer. Er enghraifft, os yw'n dweud 'Lalala' i ofyn am gerddoriaeth, gallech ddweud 'Ti eisiau gwrando ar **gerddoriaeth**? Iawn, fe gawn ni chwarae **cerddoriaeth**.' Pan fydd eich plentyn yn dweud rhywbeth nad ydych yn siŵr o'i ystyr, holwch eich hun 'Tybed beth mae'n ceisio ei ddweud wrtho i?' a gwnewch eich gorau. Bydd yn gadael i chi wybod os ydych chi'n gywir ac, os na, rhowch gynnig arall arni!

Gwneud sylw: Gwnewch sylw sy'n gysylltiedig â neges eich plentyn neu â beth bynnag sy'n digwydd ar y pryd. Gall sylw fod yn un neu ddau air neu frawddeg fer y gall eich plentyn ei deall. Er enghraifft, os yw'n edrych ar bowlen wag ac yn dweud 'Mynd' gallech ddynwared ei air trwy ddweud 'Wedi mynd' ac ychwanegu sylw, 'Rwyt ti wedi bwyta dy frecwast i gyd!'

Ymuno yn y chwarae: Ymunwch yn y chwarae gyda Defnyddiwr Geiriau Cyntaf trwy chwarae fel plentyn. Daliwch ati i ddefnyddio geiriau hwyliog a chwaraewch â'ch teganau eich hun i wneud y rhyngweithiad yn hwyl. Rywbryd yn ystod y cyfnod yma, bydd eich plentyn yn dechrau chwarae esgus felly ymunwch ag ef i chwarae gêm esgus.

Dilyn arweiniad y Cyfunwr

Dilynwch GDG nes bod eich plentyn yn anfon neges atoch. Yn y cyfnod yma mae'n dal yn bwysig eich bod ar yr un lefel yn gorfforol â'ch plentyn ac yn ei wynebu lle bo'n bosib. Os oes gan eich plentyn arddull cyfathrebu Amharod neu Oddefol, bydd wyneb y plentyn yn eich helpu i weld ei negeseuon di-eiriau a'i sicrhau eich bod yn gwrando. Os oes gan eich plentyn arddull cyfathrebu Agenda Personol, gall edrych i fyw ei lygaid ei annog i'ch cynnwys mewn rhyngweithiad.

Dehongli: Weithiau mae'n rhaid i chi geisio dehongli beth mae eich Cyfunwr yn ei ddweud am nad ydych yn siŵr o'r ystyr. Er enghraifft gall 'Mam cadair' olygu ' Mam, dw i eisiau'r gadair yna' neu 'Mam, symuda'r gadair yna'. Trwy geisio dehongli'r ystyr orau gallwch chi, fe wnewch chi ddarganfod beth oedd yn ei feddwl.

Co Dad.

Mae yna bili pala ar dy siwmper. Gwych!

Gwneud sylw: Wrth ddilyn arweiniad eich Cyfunwr trwy wneud sylw, gallwch gynnwys mwy o wybodaeth oherwydd erbyn hyn mae'n deall mwy o iaith. Er enghraifft os yw'n dweud 'Babi crio', gallwch wneud sylw, 'Mae'r babi'n crio am ei bod hi eisiau bwyd.' Hefyd gallwch ddechrau siarad am y gorffennol. Er enghraifft, 'Fe welon ni fabi yn crio yn y parc ddoe. Ti'n cofio?'

Mae tad Laura yn gwneud sylw i ddilyn ei harweiniad.

Ymuno yn y chwarae: Wrth i chi ymuno yn y chwarae gyda'ch Cyfunwr, cewch gyfle i chwarae esgus. Bydd eich plentyn wrth ei fodd os byddwch yn chwarae rhan y claf fel y gall fod yn feddyg.

Mae Gruff wrth ei fodd yn chwarae 'meddyg' gyda Mam-gu. Mae hi'n ymuno yn y chwarae ac yn chwarae rhan y claf.

Bydd dilyn arweiniad eich plentyn trwy ddefnyddio'r strategaethau a ddysgwyd gennych yn y bennod hon yn eich helpu i wneud y canlynol:

- Creu cysylltiad â'ch plentyn
- Annog ymdrechion y plentyn i gyfathrebu ac i adeiladu ei hyder
- Rhoi mwy o gyfle i'r plentyn i ryngweithio â chi
- Creu cyfleoedd i ddysgu iaith

Unwaith y byddwch wedi dilyn arweiniad eich plentyn, cofiwch barhau i ddilyn camau GDG. Wrth ddisgwyl rydych yn rhoi cyfle i'ch plentyn i ailddechrau'r sgwrs ar ôl saib, neu gymryd ei dro eto. Byddwch yn dysgu mwy am gymryd tro ym Mhennod 4.

Cymryd tro i gadw'r rhyngweithiad i fynd

Hyd yma, rydych chi wedi dysgu sut i adael i'ch plentyn arwain a sut i ddilyn ei harweiniad fel bod y rhyngweithiad yn gallu datblygu. Yn y bennod yma, byddwch yn dysgu sut i helpu eich plentyn i gymryd tro fel y bydd y rhyngweithio'n parhau'n hirach. Mae'n bwysig helpu eich plentyn i ddal ati i ryngweithio oherwydd po hiraf y byddwch yn cadw'r rhyngweithio i fynd, mwyaf o gyfleoedd fydd gan y plentyn i ddysgu sut i gyfathrebu.

Cymryd tro mewn gwahanol gyfnodau

Mae natur cymryd tro yn wahanol ym mhob cyfnod cyfathrebu. Mae unrhyw ymateb gan Ddarganfyddwr yn cyfrif fel tro – sŵn, edrychiad, gwên, symudiad bach neu hyd yn oed dorri gwynt neu disian.

Mae gan Gyfathrebwr sawl ffordd wahanol o gymryd tro. Gall edrych arnoch neu ddefnyddio symudiadau, ystumiau a synau. Neu gall ddefnyddio cyfuniad o'r rhain. Er enghraifft, os ydy plentyn eisiau dangos ci mae wedi ei weld gall droi i edrych arnoch chi gan bwyntio at y ci a gwneud sŵn. Fel arfer mae'n hawdd gweld bod eich plentyn yn cymryd tro pan fydd yn defnyddio ei llais ac yn gwneud sŵn. Ond weithiau mae Cyfathrebwr yn cymryd tro heb wneud unrhyw sŵn. Os nad yw eich plentyn yn gwneud llawer o synau, bydd yn rhaid i chi gadw golwg fanwl ar ei hwyneb, ei symudiadau a'i hystumiau.

Pan fydd Defnyddiwr Geiriau Cyntaf yn cymryd tro bydd yn defnyddio geiriau unigol – neu arwyddion neu luniau – ynghyd â symudiadau, ystumiau a synau. Mae'r Cyfunwr yn cymryd tro trwy gyfuno dau neu dri gair, ond bydd y plentyn yn parhau i ddefnyddio un gair weithiau.

Mae Jac, sy'n Ddarganfyddwr, yn symud ei freichiau ac yn gwenu'n ddel ar ei fam – ac mae hithau'n cyfrif hynny fel tro.

Os oes gan eich plentyn arddull cyfathrebu Cymdeithasol, mae'n fwy na thebyg fod y plentyn eisoes yn cymryd tro ac yn cael sgyrsiau byr gyda chi. Os yw eich plentyn yn Ddarganfyddwr neu ag arddull cyfathrebu Goddefol, Amharod neu Agenda Personol, efallai na fydd cymryd tro yn beth rhwydd i'w wneud. Hwyrach na fydd y plentyn yn gwybod pryd na sut i gymryd tro. Os yw eich plentyn yn cael anhawster i gymryd tro mewn rhyngweithiad gyda chi, mae'n fwy na thebyg y bydd y rhyngweithiad yn fyr. Trwy ddefnyddio'r strategaethau yn y bennod yma, byddwch yn dysgu sut i helpu'r plentyn i gymryd tro yn amlach wrth sgwrsio â chi.

Sicrhau rhyngweithiad cytbwys â'ch plentyn

Y sgyrsiau gorau gyda'ch plentyn fydd rhai cytbwys. Ystyr sgwrs gytbwys ydy eich bod chi a'r plentyn yn cymryd yr un faint o droeon ac nad yw eich troeon chi yn llawer hirach na throen y plentyn. Mewn geiriau eraill, ceisiwch sicrhau bod eich **troeon chi yn cyd-fynd** â throeon eich plentyn.

✦ **Sgwrs sy'n cyd-fynd â diddordeb eich plentyn**: Wrth sgwrsio â'ch plentyn, canolbwyntiwch bob tro ar y pethau sydd o ddiddordeb i'r plentyn. Bydd y plentyn yn cymryd mwy o droeon a bydd y rhyngweithio'n parhau'n hirach pan fyddwch yn dilyn ei harweiniad.

✦ **Sgwrs sy'n cyd-fynd â hyd troeon eich plentyn**: Bydd troeon eich plentyn yn fyr. Ceisiwch gyd-fynd â hyd troeon eich plentyn trwy gadw eich troeon chithau'n fyr. Fyddan nhw ddim mor fyr â rhai eich plentyn, ond ddylen nhw ddim bod yn rhy hir chwaith.

✦ **Sgwrs sy'n cyd-fynd â chyflymder troeon eich plentyn**: Gadewch i'ch plentyn benderfynu ar gyflymder y sgwrs. Efallai bydd angen i chi arafu ac aros ychydig yn hirach nag arfer er mwyn rhoi amser i'r plentyn i archwilio, deall neu ymateb.

Wrth reswm, er mwyn cael sgyrsiau cytbwys gyda'ch plentyn yn gyntaf rhaid i chi wynebu'r plentyn a dilyn GDG. Trwy wylio a gwrando, byddwch yn gwybod pryd mae'r plentyn yn barod i gyfathrebu a phryd mae diddordeb y plentyn yn newid. Wrth ddisgwyl, byddwch yn rhoi digon o amser i'r plentyn i anfon neges atoch unwaith byddwch chi wedi cymryd eich tro.

Yn y lluniau isod, mae mam Bryn yn gwylio, disgwyl a gwrando ac yn dilyn ei arweiniad ef. Mae hi'n sicrhau bod ei throeon yn cyd-fynd â throeon Bryn, gan gadw ei throeon yn fyr a gan sicrhau ei bod hi a Bryn yn cymryd yr un faint o droeon.

1. *Mae Bryn yn arwain – ac yn cymryd y tro cyntaf – i roi gwybod i'w fam bod ei drowsus yn fudr.*

2. *Mae mam Bryn yn cyd-fynd â diddordeb Bryn trwy ddilyn ei arweiniad, a chadw ei thro yn fyr. Yna mae'n aros i roi cyfle iddo gymryd tro arall.*

3. *Mae Bryn yn cymryd ei dro gyda gair ac ystum, gan ddweud wrth ei fam y bydd yn rhaid iddi olchi ei drowsus.*

4. *Unwaith eto, mae mam Bryn yn cyd-fynd â'i ddiddordeb, gan gadw ei thro yn fyr. Yna mae'n aros iddo gymryd y tro nesaf.*

Rhoi ciw i'ch plentyn i gymryd tro

Mae'n cymryd amser hir i blant ddysgu sut i gymryd eu tro mewn sgwrs. Gall plentyn fethu â chymryd tro dim ond oherwydd nad yw'n sylweddoli mai dyma dro'r plentyn. Hyd yn oed pan fydd yn gwybod hynny, efallai na fydd yn gwybod beth i'w wneud neu ei ddweud, felly mae'n gwneud dim byd.

Yr unig ffordd y gall eich plentyn ddysgu cymryd tro yw trwy ryngweithio â rhywun sy'n ei chefnogi a'i gwneud yn haws i'r plentyn. Pan fydd rhieni'n dysgu eu plant i nofio, maen nhw'n rhoi adenydd dŵr arnyn nhw i'w helpu i arnofio ar y dŵr. Yn yr un ffordd, gallwch roi ciwiau i'ch plentyn i'w gwneud yn haws iddi gymryd tro hyd nes y bydd y plentyn yn gallu gwneud hynny'n annibynnol.

Un o'r ciwiau gorau yw aros. Trwy aros rydych yn anfon neges glir i'ch plentyn bod eich tro chi wedi gorffen a'ch bod yn disgwyl i'r plentyn gymryd y tro nesaf. Ond weithiau dydy aros ddim yn ddigon. Efallai bydd angen ciw ar eich plentyn sydd nid yn unig yn rhoi gwybod i'r plentyn mai tro y plentyn sydd nesaf, ond hefyd dangos i'r plentyn pa fath o dro y gall y plentyn ei gymryd. Gallwch ddefnyddio'r ciwiau isod ar eu pen eu hunain neu ar y cyd â chiwiau eraill.

✦ **Arhoswch a rhoi ciw i'ch plentyn trwy eich wyneb ac iaith eich corff:** Mae hyn yn rhoi arwydd i'ch plentyn mai tro'r plentyn sydd nesaf. Gallwch:

- Bwyso ymlaen tuag at eich plentyn i roi gwybod i'r plentyn eich bod yn barod i wrando
- Agor eich llygaid yn fawr a chodi eich aeliau yn ddisgwylgar
- Gwenu neu nodio eich pen i'w hannog
- Pwyntio tuag at beth bynnag sydd wedi dal diddordeb eich plentyn

Weithiau mae plant yn dysgu cymryd eu tro trwy ymateb i giwiau fel y rhain, yn enwedig os byddwch yn aros am bump i ddeg eiliad. Heb dorri ar lif y sgwrs, mae'r ciwiau hyn yn gadael i'ch plentyn wybod eich bod yn disgwyl i'r plentyn gymryd tro. Os yw eich plentyn yn ymateb i'r ciwiau hyn, defnyddiwch nhw'n aml, gan wneud yn siŵr ei bod yn edrych arnoch cyn i chi roi cynnig arnyn nhw.

Mae wyneb mam Katie ac iaith ei chorff yn rhoi ciwiau i Katie i gymryd tro.

✦ **Os nad yw eich plentyn yn cymryd tro, defnyddiwch ystum neu gymorth gweledol arall … ac arhoswch**: Mae cymorth gweledol yn giw y gall eich plentyn ei weld. Gallai fod yn wrthrych, yn ystum, yn arwydd, neu'n llun. Mae plentyn ifanc yn dysgu orau pan fydd y plentyn yn clywed ac yn gweld am beth rydych chi'n siarad. Mae cymhorthion gweledol yn rhoi llawer o wybodaeth i'r plentyn i'w helpu i gymryd tro. (Gallwch ddysgu mwy am gymhorthion gweledol ar dudalennau 94–6.)

Mae tad Tarik yn defnyddio'r tegan fel cymorth gweledol i roi ciw i Tarik i ddweud y gair.

✦ **Cymerwch saib neu newidiwch weithgaredd cyfarwydd … ac aros**: Ym mhennod 2 fe welsoch sut i ddefnyddio gweithgaredd cyfarwydd – fel mynd ar siglen neu chwarae gêm Cosi – er mwyn helpu eich plentyn i ddechrau rhyngweithio â chi. Gall eich gweithgareddau bob dydd fod yn fodd i ddysgu llawer i'ch plentyn am sut i gadw rhyngweithiad i fynd, yn enwedig os yw cymryd tro yn beth newydd i'r plentyn. I roi ciw i'ch plentyn yn ystod gweithgaredd pob dydd, cymerwch saib ac edrychwch ar y plentyn mewn ffordd sy'n dweud wrth eich plentyn eich bod yn disgwyl i'r plentyn gymryd tro cyn i chi barhau. Yn achos gweithgaredd cyfarwydd iawn, gallwch hefyd newid ychydig o eiriau neu symudiadau, er mwyn rhoi syrpreis i'r plentyn a rhoi cyfle i'r plentyn ddwud wrthych chi eich bod wedi gwneud rhywbeth o'i le. (Byddwch yn dysgu rhagor am ddefnyddio gweithgareddau pob dydd ym Mhennod 5.)

✦ **Dangoswch i'r plentyn sut i gymryd tro … ac aros**: Mae llawer o'r gemau a'r caneuon y mae plant yn eu mwynhau yn cynnwys symudiadau y gall eich plentyn eu gwneud i gymryd tro. Weithiau rhaid i chi ddangos i'ch plentyn pryd mae tro'r plentyn. Er enghraifft, yn ystod y gân 'Mi welais Jac y Do' gallwch ddangos iddi sut i wneud y symudiadau ('ar ben to', 'het wen ar ei phen' a 'dwy goes bren') trwy ganu'r gân ychydig o weithiau gyda'r symudiadau. Yna pan ddewch at 'yn eistedd ar ben to' canwch 'yn eistedd' a chodwch eich dwylo at eich pen gan bwyso ymlaen ac aros yn ddisgwylgar. Os nad yw'r plentyn yn codi ei ddwylo at ei ben, rhowch eich dwylo chi ar ben dwylo'r plentyn a'u codi at ei ben gan ganu 'ar ben to'. Gwnewch hyn ychydig o weithiau ac yna cymerwch saib cyn y geiriau 'ar ben to' i weld a wnaiff y plentyn godi ei dddwylo ar ei ben.

✦ **Gofynnwch gwestiwn … ac aros**: Mae gofyn cwestiwn i'ch plentyn yn ffordd arall o roi ciw i'r plentyn gymryd tro yn y sgwrs. Ond cofiwch ofyn un cwestiwn yn unig ar y tro ac arhoswch i'r plentyn gael amser i ymateb. Cofiwch nad yw pob cwestiwn yn gymorth i'ch plentyn i gymryd tro. Mae rhai cwestiynau'n gallu dod â'r sgwrs i ben. Darllenwch ymlaen i ddysgu mwy am wahanol fathau o gwestiynau a pha rai sydd orau ar gyfer eich plentyn.

Dyw Jamie ddim yn gwybod pa dro i'w gymryd pan mae Mam yn dweud 'Wps.' Felly mae hi'n gofyn cwestiwn y gall Jamie ei ateb, ac yn aros iddo gael cyfle i ymateb.

Beth os yw fy mhlentyn yn dal heb gymryd tro?

Efallai bydd angen mwy o amser ar eich plentyn i ddysgu pryd a sut i gymryd tro. Dylech ddilyn arweiniad y plentyn pan fyddwch yn cymryd eich tro, ac yna arhoswch. Os nad ydy'r plentyn yn ymateb rhowch giw iddi – gan ddefnyddio un neu fwy o'r ciwiau a ddisgrifir yn y bennod hon – i adael i'r plentyn wybod eich bod yn barod iddi gymryd tro. Yna arhoswch eto.

Os ydy'r plentyn yn dal heb gymryd tro, cymerwch dro dros y plentyn. Gwnewch neu ddywedwch yr hyn y gallai'r plentyn fod wedi ei wneud neu ei ddweud, gan gadw mewn cof ym mha gyfnod cyfathrebu y mae'r plentyn. Peidiwch â rhoi pwysau ar y plentyn i'ch dynwared. Cymerwch y tro nesaf a pharhau â'r sgwrs. Bydd hyn yn cynnal y sgwrs yn ôl ac ymlaen ac osgoi rhwystredigaeth i chi'ch dau. Gwnewch yn siŵr bod eich plentyn yn gallu cymryd y math o dro yr ydych yn ei ddisgwyl gan y plentyn.

Gofyn cwestiynau sy'n cadw'r sgwrs i fynd

Mae gofyn ac ateb cwestiynau yn rhan bwysig o gyfathrebu. Mae cwestiynau yn eich helpu chi a'ch plentyn i ddeall negeseuon a meddyliau eich gilydd. Hefyd mae cwestiynau yn ffordd i chi ddilyn arweiniad eich plentyn ac ar yr un pryd roi ciwiau iddo gymryd y tro nesaf. Edrychwn ar fathau gwahanol o gwestiynau fel y gallwch chi ddewis pa rai sydd orau i'ch plentyn.

Cwestiynau dewis

Mae cwestiynau dewis yn caniatáu i'ch plentyn ddewis rhwng dau beth – er enghraifft, 'Wyt ti eisiau llaeth neu sudd?' Fel arfer mae'n hawdd ateb cwestiynau felly, felly maen nhw'n creu cyfle i'r plentyn i gymryd tro. Maen nhw hefyd yn rhoi ymdeimlad o reolaeth i'r plentyn sydd yn annog y plentyn i gyfathrebu fwy.

Gallwch ofyn i'ch plentyn ddewis rhwng unrhyw ddau beth – pa het mae eisiau ei gwisgo neu ba lyfr mae eisiau ei ddarllen. Y cwestiynau dewis hawsaf yw'r rhai sy'n ymwneud â gwrthrychau go iawn. Felly i ddechrau mae'n haws dangos y gwrthrych i'ch plentyn wrth i chi ddweud y gair. Wrth i'ch plentyn ddod i ddeall mwy, gallwch ofyn cwestiynau dewis gyda geiriau'n unig. **Cadwch eich cwestiynau'n fyr ac yn syml**. Wrth gwrs, pan fyddwch yn gofyn cwestiynau dewis, dylech chi fod yn fodlon derbyn dewis eich plentyn ar unwaith.

Mae cwestiynau dewis yn helpu i osgoi brwydrau

Gall cwestiynau dewis eich helpu i ddelio ag adegau anodd sy'n rhan o fywyd gyda phlentyn bach. Dychmygwch, er enghraifft, eich bod chi'n mynd am dro gyda'ch merch fach.

Dydy hi ddim eisiau eistedd yn ei bygi ond mae wedi blino cerdded, felly mae hi'n eistedd ar y pafin ac yn gwrthod symud. Gallwch osgoi brwydr trwy roi dau ddewis iddi: 'Wyt ti eisiau cerdded … neu eistedd yn y bygi?' Defnyddiwch frawddegau byr, siaradwch yn araf, pwysleisiwch y geiriau pwysig a defnyddiwch giwiau gweledol, fel pwyntio at y bygi. Yna arhoswch iddi hi ddewis. Os nad yw'n dewis, yna rhaid i chi ddewis drosti. Ond o leiaf rydych chi wedi rhoi cyfle iddi hi i ddewis.

Cwestiynau Ie-neu-Na

Mae rhai cwestiynau'n gofyn am ateb cadarnhaol neu negyddol syml – fel 'Wyt ti eisiau mynd allan?' neu 'Ydi dy ddol eisiau diod?' Mae cwestiynau fel y rhain yn cynnig ffordd hwylus o gyfathrebu â'ch plentyn hyd yn oed cyn i'r plentyn ddefnyddio geiriau. Mae plant yn dysgu ateb cwestiynau 'Ie' neu 'Na' gyntaf trwy ysgwyd eu pen ar gyfer 'na', ac wedyn nodio i ddweud 'ie'. Y cam nesaf yn aml iawn fydd defnyddio 'Ie' neu 'Na' i ateb pob cwestiwn. Yn llawer diweddarach daw atebion gramadegol gywir fel 'Ydw' a 'Naddo'. Yn y cyfamser peidiwch â'i chywiro ond defnyddiwch y ffurfiau gramadegol gywir eich hun.

Geiriau gofyn

Mae rhai cwestiynau'n dechrau gyda geiriau gofyn: beth, pwy, ble, pryd, *pam* a *sut*. Y cwestiynau cyntaf y bydd eich plentyn yn gallu eu deall yw rhai byr, syml sy'n dechrau â *beth*, *ble* a *pwy*, fel 'Beth yw hwnna?' 'Ble mae tedi?' a 'Pwy sy wrth y drws?' (Ceisiwch osgoi rhoi prawf i'ch plentyn trwy ofyn 'Beth yw hwn?' yn rhy aml.)

Yn nes ymlaen, bydd eich plentyn yn deall cwestiynau sy'n dechrau â *pam* ac yna, yn hwyrach o lawer, cwestiynau sy'n dechrau â *pryd* a *sut*. Mae cwestiynau sy'n dechrau â *pryd* a *sut* yn llawer anoddach i'ch plentyn eu deall. Er mwyn ateb cwestiwn *pryd*, er enghraifft, rhaid i'ch plentyn ddeall rhywbeth am amser. Dylid osgoi cwestiynau sy'n dechrau â *pryd* a *sut* nes bydd sgiliau iaith eich plentyn yn fwy datblygedig.

Osgoi cwestiynau sy'n dod â'r sgwrs i ben

Mae gofyn cwestiwn i'ch plentyn yn gallu ei helpu i gymryd tro. Ond pan fydd gofyn cwestiynau yn rhoi gormod o bwysau ar blentyn, mae hefyd yn gallu dod â'r sgwrs i ben.

Mae mam Gwyn yn gofyn cymaint o gwestiynau fel nad yw Gwyn yn cael cyfle i gymryd tro – a does ganddo ddim awydd gwneud hynny chwaith.

Beth yw hwn? Wyt ti'n gwybod beth yw hwn? Pa sŵn mae'n wneud?

Pethau sy'n dod â'r sgwrs i ben

Helpwch eich plentyn i ddal i sgwrsio trwy osgoi'r pethau hyn:

- gofyn gormod o gwestiynau
- gofyn cwestiynau …
  - nad oes gan eich plentyn amser i'w hateb
  - sy'n profi gwybodaeth eich plentyn
  - sy'n rhy anodd i'ch plentyn eu hateb
  - nad ydyn nhw o ddiddordeb i'ch plentyn
  - sy'n ateb eu hunain

Gan ei bod yn amlwg bod Sofia wedi gorffen ei brecwast, does dim angen iddi ateb y cwestiwn.

Mae gan Tarik ddigon i'w ddweud, ond dydy cwestiwn le-neu-na ei dad ddim yn rhoi cyfle iddo i ddweud yr holl bethau sydd ar ei feddwl.

Gofyn cwestiynau mewn gwahanol gyfnodau

Gallwch chi ofyn cwestiynau dewis, cwestiynau Ie-neu-Na a chwestiynau yn dechrau â geiriau gofyn i'ch plentyn – mewn unrhyw gyfnod cyfathrebu. Pan fyddwch yn gofyn cwestiynau, cofiwch ofyn un ar y tro a rhoi cyfle i'r plentyn ymateb.

Cwestiynau ar gyfer Darganfyddwyr

Er na all Darganfyddwr ddeall eich geiriau, mae'n hoffi clywed sŵn eich llais pan fyddwch yn gofyn cwestiynau, yn enwedig pan fyddwch yn gofyn mewn llais bywiog. Cyn gofyn cwestiwn i Ddarganfyddwr, dilynwch gamau GDG i weld beth sydd o ddiddordeb i'r plentyn. Yna dilynwch arweiniad y plentyn trwy ofyn cwestiynau am y peth hwnnw. Er enghraifft, os ydy'r plentyn yn troi ei ben pan fydd yn clywed sŵn uchel, gallwch ofyn, 'Beth oedd hwnna?' neu 'Wnaeth Rhys ollwng ei lyfr?' Os ydych chi'n sylwi bod y plentyn yn edrych ar y tegan ar ochr y cot gallwch ofyn 'Wyt ti'n edrych ar dy fochyn?'

Gall cwestiynau fod yn ddiddorol iawn i Ddarganfyddwr os byddwch yn lliwio eich llais ac yn siarad yn uchel. Oherwydd hynny, efallai byddwch am ailadrodd y cwestiwn dim ond er mwyn dal ei sylw. Pan fyddwch yn gofyn cwestiwn ac yn gwenu efallai bydd eich plentyn yn ymateb i'r anogaeth. Gall gymryd tro trwy wneud sŵn, newid ystum ei hwyneb neu symud ei breichiau neu ei choesau. Gall ei hymateb fod yn gynnil, ond mae'n cymryd tro.

Hefyd, gallwch ddefnyddio Cwestiynau Dewis gyda Darganfyddwr. Daliwch ddau beth o flaen y plentyn a gofyn i'r plentyn pa un mae eisiau, ac aros am yr ymateb. Efallai bydd eich plentyn yn edrych ar yr un mae eisiau, neu'n troi ei ben neu'n symud tuag ato. Gofalwch ddal y dau beth yn ddigon pell oddi wrth ei gilydd fel y gallwch weld pa un sydd wedi dal diddordeb eich plentyn.

Wnaeth y sŵn dy ddychryn? Oedd yn sŵn mawr?

Dydy Cai ddim yn deall cwestiynau ei fam, ond mae sŵn ei llais yn dal ei ddiddordeb.

Gofyn cwestiynau gyda Chyfathrebwyr, Defnyddwyr Geiriau Cyntaf a Chyfunwyr

Os yw eich plentyn yn Gyfathrebwr, yn Ddefnyddiwr Geiriau Cyntaf neu'n Gyfunwr, cadwch y pethau hyn mewn cof:

- gofynnwch gwestiynau y gall eich plentyn eu deall
- gofynnwch gwestiynau y gall eich plentyn eu hateb – gyda geiriau neu heb eiriau
- gofynnwch gwestiynau sy'n dangos i'r plentyn bod gennych chi ddiddordeb yn yr hyn mae'n ei ddweud wrthych

Cwestiynau ar gyfer Cyfathrebwyr

Gofynnwch gwestiynau syml i Gyfathrebwr y gall plentyn ei hateb heb eiriau – er enghraifft gydag ystum neu sŵn. Defnyddiwch gymhorthion gweledol, fel ystumiau (gan gynnwys pwyntio), gwrthrychau neu luniau realistig i'w helpu i ddeall eich cwestiynau.

Cwestiynau Dewis: Gofynnwch i Gyfathrebwr ddewis rhwng dau wrthrych. Yna *arhoswch* er mwyn rhoi cyfle i'r plentyn ddweud wrthych chi pa un mae'r plentyn eisiau.

Cwestiynau Ie-neu-Na: Mae'r cwestiynau hyn yn helpu Cyfathrebwr i gymryd tro oherwydd gall ateb trwy nodio neu ysgwyd pen neu drwy wneud sŵn. Gofynnwch gwestiynau ie-neu-na i ddarganfod beth mae eich plentyn eisiau (er enghraifft, 'Wyt ti eisiau mynd tu allan?') neu i'w helpu i ddweud stori ('Wnaeth y gath fach redeg i ffwrdd?'). Hefyd gallwch ddefnyddio cwestiynau Ie-neu-Na i egluro neges gan y plentyn os nad ydych chi'n siŵr o'r ystyr ('Wyt ti eisiau i mi gymryd y pys o dy blât?').

Hefyd, gallwch ofyn cwestiwn Ie-neu-Na er mwyn rhoi ciw i'ch plentyn i gymryd tro. Mae hyn yn gweithio'n dda mewn gweithgareddau chwarae hwyliog fel 'Dwi'n mynd i dy ddal di!' Unwaith byddwch chi wedi dal eich plentyn, arhoswch am funud i ddisgwyl. Os nad ydy'r plentyn yn gwneud rhywbeth i gyfleu i chi ei fod eisiau i chi fynd ar ôl y plentyn eto, gofynnwch gwestiwn fel, 'Wyt ti eisiau i mi dy ddal di eto?' Defnyddiwch ystum sy'n ei helpu i ddeall y cwestiwn. Yna *arhoswch* i'r plentyn gymryd tro a dweud wrthych chi beth mae eisiau.

Wyt ti eisiau darllen Sinderela neu Pinocchio?

Mae Hanifa, sy'n Gyfathrebwr, yn ymateb i gwestiwn dewis ei thad drwy bwyntio at y llyfr mae hi eisiau ei ddarllen.

Cwestiynau: Gall plentyn ateb rhai cwestiynau sy'n dechrau â geiriau gofyn heb eiriau. Gall Cyfathrebwr ateb cwestiynau sy'n dechrau â *beth*, *ble* neu *pwy* trwy bwyntio neu wneud sŵn. Er enghraifft, os ydych yn gofyn i'ch plentyn 'Ble mae dy hosan?' gall godi ei hosan i ddangos i chi. Os na all hi ddod o hyd iddi, gall hi godi ei dwylo mewn ystum 'Wedi mynd'.

Gofynnwch gwestiynau syml ynghylch pethau a phobl y mae eich plentyn yn gallu gweld o'i gwmpas. Mae hyn yn cynnwys lluniau mewn llyfrau stori.

Rhaid ateb cwestiynau fel 'Beth wyt ti'n wneud?' neu 'Pwy yw hwnna?' â gair penodol. Gan nad yw Cyfathrebwyr yn defnyddio geiriau eto, ceisiwch ofyn cwestiynau y gallant eu hateb heb eiriau. Os ydych yn gofyn cwestiwn yn dechrau â gair gofyn na all eich plentyn ei ateb, trowch ef yn gwestiwn Ie-neu-Na neu atebwch y cwestiwn eich hun.

Mae Adam yn edrych i fyny at y golau i ateb cwestiwn ei fam.

Cwestiynau ar gyfer Defnyddwyr Geiriau Cyntaf

Mae cwestiynau yn rhoi cyfle i Ddefnyddiwr Geiriau Cyntaf i ddefnyddio'r geiriau mae'n gallu ei dweud.

Cwestiynau Dewis: Unwaith mae eich plentyn wedi dechrau defnyddio geiriau, gallwch ofyn cwestiynau dewis heb gymhorthion gweledol – os yw'n gallu dweud y ddau ateb posib. Os na all ddweud enwau'r pethau mae'n dewis rhyngddyn nhw, gwnewch yn siŵr ei bod yn gallu gweld y ddau wrthrych (neu luniau ohonynt) fel y gall bwyntio atyn nhw.

Cwestiynau Ie-neu-Na: Mae gofyn cwestiwn Ie-neu-Na yn ffordd hwylus o wneud yn siŵr eich bod wedi deall neges Defnyddiwr Geiriau Cyntaf. Mae hefyd yn

Mae mam Siôn yn gofyn cwestiwn Ie-neu-Na i wneud yn siŵr ei bod wedi deall am beth mae Siôn yn gofyn amdano.

ffordd o'i helpu i gadw'r sgwrs i fynd. Ond gall gofyn gormod o gwestiynau Ie-neu-Na mewn un sgwrs ei rhwystro rhag dweud wrthych beth sydd ar ei meddwl.

Mae mam Bryn yn defnyddio cwestiwn yn dechrau â gair gofyn i weld a yw Bryn yn gwybod ble mae ei esgidiau.

Geiriau gofyn: Gofynnwch gwestiynau syml yn dechrau â *beth*, *pwy* neu *ble* sy'n gofyn am ateb un gair. Er enghraifft, os gofynnwch i'ch plentyn 'Ble mae'r aderyn?' gall ateb â gair fel *yna*, *awyr*, neu *coeden*. Wrth gwrs, os gall weld yr aderyn, gall bwyntio ato yn lle siarad. Os na all eich plentyn ateb cwestiwn yn dechrau â gair gofyn – rhowch gynnig ar gwcstiwn Ie-neu-Na yn lle hynny. Er enghraifft, os na all eich plentyn ateb y cwestiwn 'Ble mae dy esgidiau?' gallwch ofyn, 'Ydy dy esgidiau yn dy ystafell?'

Cwestiynau ar gyfer Cyfunwyr:

Unwaith bydd plant wedi cyrraedd y cyfnod Cyfuno, byddan nhw fel arfer yn gallu ateb cwestiynau am bethau nad ydynt yn gallu eu gweld o'u cwmpas. Efallai byddan nhw hefyd yn gallu ateb cwestiynau syml ynghylch rhywbeth a ddigwyddodd yn gynharach y diwrnod hwnnw neu am rywbeth sy'n mynd i ddigwydd.

Cwestiynau Dewis: Oherwydd bod dealltwriaeth Cyfunwyr o iaith wedi datblygu, gallwch gynnig dewisiadau mwy amrywiol i'ch plentyn, fel y gwelwn ni yn achos Laura a'i mam.

Mae mam Laura yn gofyn iddi ddewis pethau na all hi mo'u gweld oherwydd bod Laura yn gallu deall y cwestiynau hyn.

Cwestiynau Ie-neu-Na: Fel yn achos Defnyddiwr Geiriau Cyntaf, mae gofyn cwestiwn Ie-neu-na i Gyfunwr yn ffordd hwylus o wneud yn siŵr eich bod chi wedi deall ei neges neu i'w helpu i gymryd tro hawdd. Ond os yw eich plentyn yn defnyddio llawer o eiriau gwahanol ac yn cymryd tro yn ddidrafferth, dydy cwestiynau Ie-neu-Na syml ddim yn caniatáu i'r plentyn ddefnyddio ei holl sgiliau iaith.

Cwestiynau sy'n dechrau â Geiriau Gofyn: Gallwch ofyn cwestiynau *beth*, *ble* neu *pwy* i Gyfunwr. Er enghraifft, 'Beth mae'r dyn yn wneud?', 'Ble mae dy fenig?' neu 'Pwy fwytodd y caws?' Hefyd, ceisiwch ofyn cwestiynau sy'n annog eich plentyn i feddwl a datrys problemau syml, fel 'Beth ddigwyddodd?' neu 'Ble gallwn ni ddod o hyd i un arall?'

Troi cwestiynau'n sylwadau

Mae llawer o rieni yn eu cael eu hunain yn gofyn cwestiwn ar ôl cwestiwn i'w plant mewn ymdrech i ddenu ymateb. Os ydych yn gweld eich bod yn gofyn llawer o gwestiynau i'ch plentyn, nid chi yw'r unig un. Mae'n naturiol ceisio denu ymateb gan eich plentyn os yw'n cael trafferth cyfathrebu. Ond os gofynnwch ormod o gwestiynau gall eich plentyn fodloni ar ymateb, yn hytrach na dechrau sgwrs. Neu gallai'r plentyn golli'r awydd i sgwrsio'n gyfan gwbl. Felly gofynnwch lai o gwestiynau a throwch rhai ohonynt yn sylwadau neu'n osodiadau.

Yn lle cwestiwn …	➤	rhowch gynnig ar sylw
Beth yw hwnna? Aderyn?	➤	Edrycha ar yr aderyn yna! (ac aros)
Mae honna'n lori fawr, tydi?	➤	Wow! Mae honna'n lori fawr (ac aros)
Wyt ti'n hoffi'r sudd?	➤	Mmmm. Mae'r sudd yn flasus. (ac aros)

Mynnwch gydbwysedd rhwng cwestiynau a sylwadau. Fel canllaw cyffredinol, am bob cwestiwn a ofynnwch ceisiwch wneud o leiaf ddau sylw.

Cyfuno cwestiynau a sylwadau

Mae'n cymryd tipyn o amser i blant ddysgu sut i ymateb i sylw. Os nad yw eich plentyn yn ymateb i sylwadau, cyfunwch sylw a chwestiwn. Er enghraifft, os yw eich plentyn yn gweld babi yn yfed llaeth o botel ac yn dweud 'Babi yfed' gallech ddweud 'Mae'r babi'n yfed. Beth mae'r babi yn yfed?' Yna gall y plentyn gymryd tro a dweud, 'Llaeth'.

Mae mam Gruff yn gofalu defnyddio mwy o sylwadau na chwestiynau yn ei sgwrs gydag ef.

Mae cymryd tro yn sgil sy'n datblygu'n raddol ac nid dros nos. Gofalwch wneud y profiad yn un hwyliog i chi'ch dau.

Defnyddio gweithgareddau pob dydd i ennyn rhyngweithiad

Meddyliwch am yr holl bethau byddwch yn eu gwneud gyda'ch plentyn ar ddiwrnod arferol. Byddwch yn codi, yn gwisgo ac yn cael brecwast. Wedyn efallai byddwch yn mynd â'ch plentyn i'r feithrinfa neu'r ysgol feithrin ar eich ffordd i'r gwaith. Efallai ewch i siopa bwyd gyda'ch gilydd neu fynd am dro i'r cae chwarae. Ac wrth gwrs, ar y ffordd bydd rhagor o brydau bwyd a byrbrydau, newid clwt neu fynd ar y poti, amser bath ac, ar ddiwedd y dydd, amser gwely. Yn ystod rhai o'r gweithgareddau hyn efallai byddwch yn canu cân arbennig neu'n chwarae gêm. Mae **gweithgareddau pob dydd** sy'n digwydd bron yn yr un ffordd bob dydd yn ffordd wych a hwyliog o gyflwyno'r syniad o gymryd tro a chael sgwrs i'ch plentyn, a dyma fydd testun y bennod yma.

Beth yn union sy'n cyfrif fel gweithgaredd pob dydd?

Mae gan yr holl weithgareddau hyn bedwar peth yn gyffredin:

- Maen nhw'n cynnwys **camau penodol**
- Mae'r camau hyn yn digwydd yn **yr un drefn** bob tro
- Maen nhw'n cael eu **hailadrodd sawl gwaith**
- Mae gan bawb sy'n cymryd rhan **rôl benodol**

Camau penodol: Mae'r gweithgareddau hyn bob amser yn cynnwys nifer o gamau. Er enghraifft, gall mynd i'r gwely gyda'r nos olygu gwisgo pyjamas, brwsio dannedd, mynd i mewn i'r gwely, darllen stori, sws nos da, diffodd y golau.

Yr un drefn: Mae'r gweithgareddau hyn yn dechrau ac yn gorffen yn yr un ffordd bob tro, ac mae'r camau rhyngddyn nhw yn cael eu hailadrodd yn yr un drefn bob tro. Mae'r geiriau, y synau a'r ystumiau sy'n rhan o bob cam yn aros yr un fath fel arfer. Oherwydd bod trefn y camau yr un peth bob tro, buan bydd eich plentyn yn dechrau rhagweld y cam nesaf.

Yn cael eu hailadrodd sawl gwaith: Wrth i'r gweithgareddau hyn gael eu hailadrodd drosodd a throsodd, mae eich plentyn yn dod i wybod yr holl gamau ynghyd â'r geiriau, y synau a'r ystumiau sy'n cyd-fynd â nhw. Unwaith bydd y plentyn yn gyfarwydd â gweithgaredd, bydd yn dibynnu llai arnoch chi i'w arwain trwyddo. Gall y plentyn gymryd ei dro yn amlach yn y gweithgaredd, ac mae'n dysgu'n union pa droeon i'w cymryd a phryd.

Rolau penodol: Rydych chi'ch dau yn cymryd rôl benodol yn y chwarae ym mhob gweithgaredd, ac mae pob rôl yn golygu gweithredoedd penodol. I ddechrau fydd eich plentyn ddim yn gallu chwarae ei rôl ar ei ben ei hun. Ond gyda'ch cymorth chi, bydd yn dysgu sut. Pan fydd yn hŷn, efallai bydd yn ddigon abl i gymryd eich rôl *chi*. Yna fe fydd yn dechrau'r gweithgaredd a byddwch yn cyfnewid rôl. (Fel rheol mae cyfnewid rôl yn rhan o 'gemau pobl'. Mae'r rhain yn cael eu disgrifio ar y dudalen nesaf.)

Nifer y gweithgareddau pob dydd ym mywyd eich plentyn

Bob dydd, byddwch chi a'ch plentyn yn rhannu sawl math o weithgaredd. Mae gweithgareddau sy'n digwydd bob dydd yn rhan o fywyd beunyddiol y rhan fwyaf o deuluoedd, ac efallai fod rhai'n unigryw i'ch teulu chi. Mae rhai ohonyn nhw'n weithgareddau ymarferol – fel newid clwt neu fynd i'r gwely. Mae rhai eraill yn gemau bach lle rydych chi'ch dau yn chwarae neu'n canu gyda'ch gilydd, sy'n egluro pam rydym yn rhoi'r cnw 'gcmau pobl' arnyn nhw.

Gemau pobl

Does dim angen teganau arnoch chi a'ch plentyn i chwarae gemau pobl. Mewn gêm bobl, chi yw hoff degan eich plentyn!

Mae nifer o gemau cyfarwydd yn cael eu disgrifio isod. Fe welwch fod dwy rôl syml ym mhob un, un i chi ac un i'ch plentyn. Yn nes ymlaen yn y bennod, byddwch yn dysgu sut i greu cyfleoedd i'ch plentyn i gymryd ei dro yn y gemau hyn. Wrth wneud felly byddwch chi'n helpu'r plentyn i ddysgu sut mae cymryd ei dro tra bydd yn cael hwyl.

Pi-po

Mae plant wrth eu bodd wrth i chi ddiflannu ac ailymddangos yn annisgwyl yn ystod y gêm hon.

- Wynebwch eich plentyn, codwch blanced neu dywel bach a dywedwch 'Gawn ni chwarae Pi-po?'
- Rhowch y blanced neu'r tywel dros eich pen a gofynnwch, 'Lle mae Mam?' neu 'Lle mae Dad?' Gallwch ofyn y cwestiwn yma sawl gwaith er mwyn cadw sylw eich plentyn.
- Yna codwch neu tynnwch y blanced oddi ar eich pen ac edrychwch i fyw llygaid eich plentyn gan ddweud 'Pi-po!' neu 'Bw!' Mae unrhyw eiriau syml yn gwneud y tro, ond defnyddiwch yr un geiriau bob tro fel y bydd eich plentyn yn dysgu eu cysylltu â'r gweithgaredd.

Wrth i'ch plentyn ymgyfarwyddo â'r gêm, gallwch chwarae fersiwn arall o Pi-po trwy guddio rownd y gornel neu y tu ôl i gadair. Pan fydd eich plentyn yn eich gweld, dywedwch 'Pi-po' a chuddio eto yn yr un ffordd. Arhoswch eiliad neu ddwy cyn rhoi eich pen allan eto.

Chwarae cuddio

Helpwch eich plentyn i ddysgu'r gêm hon trwy ddod o hyd i guddfan i'r plentyn – o dan ychydig o glustogau, o dan y dillad gwely neu y tu ôl i gadair. Cerddwch ychydig o gamau i ffwrdd o'r guddfan fel na all eich plentyn eich gweld. Dywedwch, 'Ble mae (enw'r plentyn)' ychydig o weithiau. Yna dywedwch 'Un ... dau ... tri ... Dwi'n dod!' – ac ewch i gael hyd i'r plentyn. Cymerwch arnoch chwilio mewn ychydig o leoedd eraill gyntaf. Bob tro byddwch yn edrych mewn man arbennig dywedwch 'Ydy (enw'r plentyn) yma?' Yna dywedwch 'Na, dim yma' neu 'dim tu ôl i'r gadair' i'w helpu i ddeall eich bod yn chwilio am y plentyn. Pan fyddwch yn dod o hyd i'r plentyn, gorffennwch y gêm trwy ddweud 'Fanna wyt ti!' a'i gofleidio.

Pan fydd eich plentyn yn dysgu chwarae Pi-po neu gêm o Cuddio am y tro cyntaf, mae'n bwysig bod y gêm yn symud yn gyflym. Os byddwch yn treulio gormod o amser yn chwilio amdano, gall golli diddordeb. Wrth iddo ddod yn fwy cyfarwydd â'r gêm, gallech chi ymestyn y rhan guddio ychydig yn hirach.

Cân bownsio neu 'Gee Ceffyl Bach'

Mae plant yn mwynhau bownsio i fyny ac i lawr ar eich glin.

- Rhowch eich plentyn ar eich glin fel eich bod chi'n wynebu eich gilydd.
- Cydiwch yn nwylo eich plentyn, neu os oes angen, rhowch eich dwylo o dan ei freichiau a'i fownsio i fyny ac i lawr ar eich glin. Gallwch chi fownsio'n araf neu'n gyflym, yn dibynnu ar eich plentyn. Adroddwch y rhigwm hwn wrth fownsio:

Bownsio, bownsio (*enw'r plentyn*).
Bownsio, bownsio (*enw'r plentyn*).
Lan a lawr, lan a lawr.
Bownsio, bownsio (*enw'r plentyn*).

Gallwch hefyd ganu'r gân boblogaidd, 'Gee Ceffyl Bach' wrth wneud hyn (gweler Pennod 9).

Goglais neu Cosi

- Wynebwch eich plentyn. Fel arfer bydd eich plentyn yn gorwedd ar ei gefn.
- Daliwch eich dwylo o flaen eich plentyn fel pe baech yn mynd i oglais (*tickle*) neu gosi'r plentyn.
- Dywedwch yn llawn hwyl a sbri, 'Dwi'n mynd i dy oglais neu dy gosi di!'
- Yna ewch ati i oglais neu gosi eich plentyn yn chwareus, gan ddweud 'Goglais!'

Rhedeg ar ôl eich plentyn

Nod y gêm hon yw rhedeg ar ôl eich plentyn a'i ddal.

- Paratowch: Os gall eich plentyn gerdded, ewch yn eich cwrcwd ychydig o droedfeddi i ffwrdd. Os gall eistedd neu gropian, ewch ar eich gliniau ychydig o droedfeddi i ffwrdd.
- Daliwch eich breichiau o'ch blaen a'ch dwylo allan a'r bysedd wedi plygu ychydig fel pe baech yn mynd i gydio yn y plentyn. Dywedwch 'Dwi'n mynd i dy ddal di!'
- Os yw eich plentyn yn eistedd neu'n cropian, ewch ar eich gliniau'n araf tuag at y plentyn gan ddweud 'Dwi'n mynd i dy ddal di!' Os yw'n eistedd, gafaelwch ynddo'n ofalus, a'i oglais. Os yw'n cropian, gafaelwch ynddo'n ofalus. Os yw'n cerdded, rhedwch yn chwareus ar ei ôl nes i chi ei ddal yn eich breichiau.
- Cyn gynted ag y byddwch wedi dal eich plentyn, dywedwch 'Dwi wedi dy ddal di!'

'Uchafbwynt' gemau pobl

Mae gemau pobl yn ddifyr iawn i blant oherwydd fel rheol mae ganddyn nhw 'uchafbwynt' neu foment fawr. Yn aml bydd yr uchafbwynt yn digwydd ar ddiwedd y gêm. Er enghraifft, yr uchafbwynt yn y gêm uchod yw pan fyddwch yn dweud 'Dwi wedi dy ddal di!' Yr uchafbwynt yw'r hyn sy'n gwneud i'ch plentyn fod eisiau cymryd ei dro yn y gweithgaredd. Gall uchafbwyntiau fod mor bwerus fel bod rhai plant yn dysgu eu geiriau cyntaf trwyddynt.

Caneuon a rhigymau

Mae caneuon a rhigymau plant yn fath arall o weithgaredd pob dydd sy'n helpu plant i gymryd eu tro. Mae'n bosib gwneud symudiadau wrth ganu rhai o'r caneuon a'r rhigymau hyn, fel 'Yr Olwynion ar y Bws' a 'Gee Ceffyl Bach'. Wrth ganu 'Un Bys, Dau Fys' mae'r plentyn yn symud ei fysedd. Mae plant yn mwynhau caneuon a rhigymau sy'n cynnwys symudiadau ac yn dysgu llawer wrth eu canu. Gall eich plentyn ddysgu rhagweld y symudiadau, y geiriau a'r synau mae wedi eu clywed cymaint o weithiau, ac ymhen amser gall eu defnyddio ei hun. (I ddysgu rhagor am ganeuon a rhigymau, cymerwch gip ar Bennod 9.)

Creu eich gweithgareddau pob dydd eich hun

Gallwch greu gweithgareddau personol ar eich cyfer chi a'ch plentyn. Er mwyn gwneud hyn Gwyliwch, Disgwyliwch a Gwrandewch i weld beth mae eich plentyn yn ei fwynhau mewn gweithgaredd. Trowch funudau o bleser yn weithgareddau cyfarwydd trwy eu hailadrodd drosodd a throsodd, gan wneud yn siŵr eich bod chi'ch dau yn cymryd eich tro. Dyma rai enghreifftiau o weithgareddau pob dydd y mae rhieni wedi eu creu.

Gweithgaredd chwythu: Darganfyddwr yw Jac, ac yn aml bydd yn adweithio trwy symud ei gorff ryw ychydig neu'n newid ystum ei wyneb. Sylwodd mam Jac ei fod yn gwenu wrth iddi hi chwythu'n dyner ar ochr ei wyneb, felly gwnaeth hi droi hyn yn weithgaredd pob dydd y gallen nhw ei rannu.

Gweithgaredd sŵn anghenfil: Cyfathrebwr yw Sofia. Ei hoff lyfr yw *Yng Ngwlad y Pethau Gwyllt*. Bob tro y bydd ei thad yn troi i dudalen sy'n cynnwys llun o anghenfil, mae'n gwneud sŵn anghenfil, sy'n gwneud i Sofia chwerthin. Mae'r foment hon wedi dod yn uchafbwynt darllen y llyfr.

Gweithgaredd mynd i nôl y post: Cyfathrebwr yw Robyn hefyd. Mae ei dad wedi sylwi ei fod yn hoffi agor y bocs llythyrau i weld oes yna bost tu mewn. Mae'n mwynhau clywed y caead yn gwichian pan fydd yn ei agor. Bob dydd pan fydd tad Robyn yn cyrraedd adref, mae'r ddau yn mynd at y bocs llythyrau i weld os oes yna bost.

Mae'r gweithgaredd chwythu yn gwneud i Jac wenu bob tro.

Sut mae plant yn dysgu cymryd eu tro mewn gweithgareddau pob dydd

Cyn y gall eich plentyn gymryd ei dro mewn gweithgaredd pob dydd, rhaid i'r plentyn weld a chlywed y gweithgaredd dro ar ôl tro. Mae hyn yn helpu'r plentyn i ddysgu'r holl gamau a'r holl symudiadau, geiriau a synau sy'n rhan o'r gweithgaredd. Hyd nes y bydd yn gyfarwydd iawn â'r gweithgaredd, rhaid i chi ei arwain trwy'r camau.

Wrth iddo ymgyfarwyddo â'r gweithgaredd, bydd eich plentyn yn dechrau cymryd rhan trwy gymryd tro. Y ffordd hawsaf o gymryd tro yw gofyn i chi ailadrodd y gweithgaredd ar ôl i chi ei orffen. Gallai ofyn hefyd am yr uchafbwynt (gweler gwaelod tudalen 71). Neu, os ydych yn cymryd saib ac yn rhoi cyfle i'r plentyn i gymryd ei dro, gallai lenwi'r bwlch gyda symudiad, sŵn neu air. Ar hyn o bryd mae'n dal i ddibynnu arnoch chi i'w helpu i chwarae gêm. Dros amser bydd yn cymryd mwy a mwy o droeon ac yn dibynnu llai arnoch chi.

Unwaith y mae Jamie yn gyfarwydd â'r gêm Pi-po, mae ei fam yn paratoi'r gweithgaredd ac yn aros. Mae e'n cymryd ei dro …

… a'r wobr yw ei hoff ran o'r gêm.

Wrth i amser fynd heibio, efallai bydd eich plentyn wedi arfer cymaint â chymryd ei dro yn ei hoff weithgareddau fel y bydd yn dechrau'r gweithgaredd ei hun gan gymryd eich rôl chi. Er enghraifft, efallai bydd y plentyn yn dechrau'r gêm Pi-po trwy roi'r blanced dros eich pen, neu hyd yn oed dros ei ben ei hun. Mae arwain y gweithgaredd fel hyn yn gam pwysig iawn tuag at ddysgu dechrau sgwrs.

Ar ôl chwarae Pi-po ddwsinau o weithiau, bellach mae Jamie yn gallu dechrau'r gêm, felly mae'n paratoi ei fam i chwarae'r gêm.

Ymhen amser, mae Jamie yn dysgu cymryd rôl ei fam. Mae'n rhoi'r blanced dros ei ben ac yn aros. Pan fydd Mam yn dweud 'Ble mae Jamie?' mae'n tynnu'r blanced oddi ar ei ben ac yn dweud 'Bw!'.

Defnyddio gweithgaredd pob dydd i ennyn rhyngweithiad

Dewiswch weithgaredd pob dydd sy'n hawdd ei ailadrodd ac un y mae eich plentyn yn ei fwynhau. Gallai fod yn gêm pobl, yn gân, yn rhigwm neu'n weithgaredd yr ydych chi wedi ei greu. Unwaith bydd eich plentyn wedi dod yn gyfarwydd â'r gweithgaredd gallech ei ddefnyddio i ennyn rhyngweithiad.

Dechrau yn yr un ffordd bob tro.

Cynllunio tro eich plentyn.

Addasu'r gweithgaredd fel y gall eich plentyn gymryd ei dro.

Ailadrodd yr un symudiadau, synau a geiriau bob tro.

Cadw at yr un diweddglo.

Dechrau yn yr un ffordd bob tro

Rhowch enw i'r gweithgaredd y byddwch yn ei ddefnyddio bob tro y byddwch yn ei chwarae. Os yw'n gêm bobl, dechreuwch trwy wahodd eich plentyn i chwarae, gan ddweud enw'r gêm neu'r gân. Er enghraifft 'Gawn ni ganu 'Y Pry Copyn?'' Defnyddiwch gymorth gweledol (ystum neu wrthrych) wrth i chi ddweud enw'r gêm neu'r gân. Er enghraifft, daliwch blanced neu cuddiwch eich llygaid wrth ddweud 'Wyt ti eisiau chwarae Pi-po?' Defnyddiwch enw'r gweithgaredd a'r cymorth gweledol bob tro byddwch yn dechrau.

Dros amser, bydd eich plentyn yn dysgu adnabod y gweithgaredd wrth glywed ei enw a gweld y cymorth gweledol. Gall hyd yn oed ofyn am y gweithgaredd trwy ddweud ei enw neu drwy ddefnyddio'r cymorth gweledol. Os nad yw eich plentyn yn gallu gofyn am y gweithgaredd eto, gallwch ofyn iddo ddewis rhwng dau weithgaredd maen nhw'n eu mwynhau. Er enghraifft, 'Wyt ti eisiau canu 'Yr Olwynion ar y Bws'...' (gyda'r symudiadau) 'neu 'Adeiladu Tŷ Bach'?' (gyda'r symudiadau).

Wyt ti eisiau chwarae 'Tri Broga Boliog'?

Mae mam Bryn yn dechrau'r gweithgaredd trwy ofyn i Bryn ydy e eisiau chwarae 'Tri Broga Boliog'. Mae hi'n neidio i fyny ac i lawr i roi cymorth gweledol.

Cynllunio tro eich plentyn

Cynlluniwch *pryd* bydd eich plentyn yn cymryd ei dro

Os yw eich plentyn newydd ddechrau cymryd tro, gallech chi drefnu'r gweithgaredd fel ei fod yn cymryd ei dro ar un o'r adegau hyn:

- **Ar ddiwedd** y gweithgaredd, cyn i chi ailddechrau
- Yn union **cyn yr uchafbwynt** (gweler tudalen 71)
- Pan fyddwch yn **cymryd saib** yn ystod y gweithgaredd

Mae Ceri wrth ei bodd pan fydd ei thad yn ei chodi'n uchel i'r awyr.

Bwriad tad Ceri oedd y byddai hi'n cymryd ei thro ar ddiwedd y gweithgaredd pan fydd yn ei gollwng i lawr eto. Felly mae'n dweud 'ac i lawr' i adael iddi wybod bod y gêm drosodd ac yna mae'n aros. Mae Ceri yn cymryd ei thro trwy ddweud 'I fyny!' wrtho.

Cynllunio *sut* gall eich plentyn gymryd ei dro

Mae'r hyn mae eich plentyn yn ei ddweud neu ei wneud wrth iddo gymryd ei dro yn dibynnu ar ei gyfnod cyfathrebu ac ar y sefyllfa. Dyma rai ffyrdd – wedi eu seilio ar y pedwar cyfnod – i'ch plentyn gymryd ei dro yn y gweithgaredd.

Darganfyddwyr: Fydd Darganfyddwr ddim yn gwneud cais penodol i'r gweithgaredd barhau neu gael ei ailadrodd. Ond gallwch ddehongli unrhyw arwydd o gyffro (fel anadlu'n gyflymach neu gicio traed) neu hyd yn oed yr adwaith lleiaf fel cais i wneud y gweithgaredd eto.

Cyfathrebwyr: Mae Cyfathrebwr yn cymryd ei dro mewn gweithgaredd heb ddefnyddio geiriau. Gall estyn, pwyntio, gwneud sŵn neu symud ei gorff. Gall edrych ar wrthrych sy'n rhan o'r gweithgarcdd (er enghraifft tiwb o swigod) ac yna edrych arnoch chi eto. Gall hyd yn oed geisio dweud gair sy'n rhan o'r gweithgaredd, fel 'Po' am 'Pi-po.'

Defnyddwyr Geiriau Cyntaf: Gall Defnyddiwr Geiriau Cyntaf ddefnyddio gair neu arwydd penodol sy'n rhan o'r gweithgaredd, neu gall bwyntio at lun i gymryd ei dro.

Cyfunwyr: Gall Cyfunwr gyfuno dau neu fwy o eiriau mewn gweithgaredd, fel 'un dau tri' o 'Adeiladu Tŷ Bach.' Hefyd gall ddefnyddio'r gair 'mwy' ynghyd â gair arall i ofyn am gael ailadrodd gweithgaredd, fel 'Mwy 'cwympo'' am 'Gee Ceffyl Bach'.

Mae Gwyn yn Ddefnyddiwr Geiriau Cyntaf, felly mae ei fam yn disgwyl iddo ddefnyddio gair i ddweud wrthi beth sy'n dod nesaf yn y gweithgaredd cymysgu diod.

Addasu'r gweithgaredd i roi cyfle i'ch plentyn i gymryd ei dro

Gallwch addasu'r gweithgaredd trwy ddefnyddio ciwiau er mwyn rhoi gwybod i'ch plentyn pryd i gymryd tro a beth i'w ddweud neu ei wneud. Dwy ffordd hawdd o roi ciw i'ch plentyn yw cymryd saib neu newid y gweithgaredd. Pan fyddwch newydd orffen y gweithgaredd, gallwch hefyd ddefnyddio gair i roi ciw i'ch plentyn i ofyn am ragor.

✦ **Cymryd saib yn y gweithgaredd**: Wrth gymryd saib yn y gweithgaredd rydych chi'n rhoi cyfle i'ch plentyn i gymryd rhan. Yn dibynnu ar ei gyfnod cyfathrebu, gall gynnig gair neu symudiad, neu gall ofyn i chi barhau neu ailadrodd y gweithgaredd. Os oes uchafbwynt mewn gweithgaredd, yr amser gorau i gymryd saib yw yn union cyn hynny.

Mae mam Falmai yn cymryd saib cyn canu 'i dy oglais di' i adael i Falmai gymryd ei thro. Wrth i Falmai gicio ei choesau a'i breichiau a gwneud sŵn, mae ei mam yn dehongli hyn fel cais i barhau'r gêm.

Bob bore bydd mam Sofia yn dweud, 'Amser gwisgo dy sanau.' Heddiw, mae'n cymryd saib i roi cyfle i Sofia i ddweud 'sanau'. Ar ôl clywed yr un geiriau bob dydd, erbyn hyn mae Sofia yn gallu gorffen y frawddeg.

✦ **Newid y gweithgaredd**: newidiwch y gweithgaredd i roi cyfle i'ch plentyn i ddweud wrthych beth sy'n wahanol neu ar goll, beth wnaeth ei synnu neu beth aeth o'i le.

✦ **Rhoi ciw i'ch plentyn i gymryd tro**: os byddwch yn cymryd saib o'r gweithgaredd a'ch plentyn heb gymryd tro, rhowch giw i'r plentyn. Gallwch chi ddweud, 'Wyt ti eisiau canu (e.e. 'Gee Ceffyl Bach', 'Un, Dau, Tri, Bys yn Dawnsio') eto?' Neu gallwch chi ddweud, 'Beth wyt ti eisiau?' os yw'n gallu ateb y cwestiwn. Ceisiwch ddefnyddio'r un geiriau bob tro y byddwch yn rhoi ciw iddi/iddo, a chyn gynted ag y bydd yn ymateb, ewch ymlaen â'r gweithgaredd.

Ewch ati i ail ddarllen 'Rhoi ciw i'ch plentyn i gymryd tro' ym Mhennod 4 i gael rhagor o syniadau ynghylch addasu'r gweithgaredd. Os nad yw eich plentyn yn cymryd tro hyd yn oed ar ôl i chi roi ciw iddo ac aros, cymerwch ei dro drosto trwy ddweud neu wneud yr hyn rydych yn meddwl y byddai'n ei wneud. Yna ewch ymlaen â'r gweithgaredd. Bob tro byddwch yn gwneud hyn, bydd y plentyn yn dysgu o'ch esiampl.

Mae Robyn a'i dad yn mynd i nôl y post bob dydd. Mae tad Robyn yn newid y gweithgaredd trwy osod tegan Robyn yn y bocs llythyrau, ac mae Robyn yn cymryd ei dro ac yn dweud wrth ei dad beth mae'n ei weld.

Ailadrodd yr un symudiadau, synau a geiriau

Meddyliwch am eich gweithgaredd fel cyfres o gamau, a'u dilyn yn yr un drefn bob tro. Bydd hyn yn ei gwneud yn haws i'ch plentyn ddysgu'r gweithgaredd, a gwybod beth sy'n digwydd nesaf. Wrth i chi ddilyn y camau, defnyddiwch yr un geiriau, synau a symudiadau bob tro. Er enghraifft, pan fyddwch yn chwarae Pi-po, penderfynwch beth fyddwch yn ei ddweud pan fyddwch yn tynnu'r blanced – a dywedwch y gair hwnnw bob tro. Mae newid y geiriau o 'Pi-po!' i 'Dyma fi!' yn ei gwneud yn anoddach i'ch plentyn ddysgu'r gweithgaredd a'r geiriau sy'n cyd-fynd ag ef.

Cadw'r diweddglo yr un peth

Mae eich plentyn angen gwybod pryd bydd y gweithgaredd wedi dod i ben. Cadwch y diweddglo yr un peth bob tro byddwch yn gorffen. Ar ôl gorffen rhoi eich plentyn yn y gwely gallech ddiffodd y golau a dweud 'Nos da!' Ar ôl gosod eich plentyn yn ei sedd yn y car, gallech gau gwregys y plentyn a dweud 'Clic!' Os nad oes diweddglo penodol i weithgaredd (er enghraifft pan fydd plentyn yn mynd ar y siglen), gallech ddweud rhywbeth fel 'Mae amser siglo wedi gorffen nawr!'

Dechrau yn yr un ffordd bob tro.

Cynllunio tro eich plentyn.

Addasu'r gweithgaredd fel y gall eich plentyn gymryd ei dro.

Ailadrodd yr un symudiadau, synau a geiriau bob tro.

Cadw at yr un diweddglo.

Dilynwch arweiniad eich plentyn … lle bynnag bydd yn eich arwain

Mae gweithgareddau pob dydd yn hwyl, ond fyddan nhw ddim yn apelio at eich plentyn trwy'r amser. Peidiwch â phoeni. Os ydych ar ganol gweithgaredd, ac mae rhywbeth arall yn dal sylw eich plentyn, byddwch yn barod i roi'r gorau i'r gweithgaredd a dilyn ei arweiniad.

'Adeiladu tŷ bach, un, dau …' O, dacw Pero!

Ychwanegu iaith at y rhyngweithiad

Wrth i chi ddilyn arweiniad eich plentyn, rydych chi eisoes yn ychwanegu iaith at eich sgyrsiau gyda'r plentyn. Yn y bennod yma, byddwch yn dysgu ychwanegu iaith mewn ffyrdd fydd yn helpu eich plentyn i ddeall ei fyd yn well a mynegi beth sydd ar ei meddwl. Byddwch chi'n dysgu hefyd sut i osod targedau cyfathrebu.

Profiad yn gyntaf, yna dealltwriaeth, yna geiriau

Mae rhieni'n edrych ymlaen at y diwrnod y bydd eu plentyn yn defnyddio ei geiriau neu ei harwyddion cyntaf. Ond ar y ffordd tuag at y diwrnod hwnnw mae sawl cam pwysig. Mae plentyn bach yn dysgu trwy brofiadau'r plentyn – trwy weld, clywed, cyffwrdd, blasu ac arogli. Yn ystod y profiadau pob dydd hyn, mae'r plentyn yn eich clywed chi'n dweud yr un geiriau drosodd a throsodd wrth siarad am bethau mae'n eu gweld, eu clywed a'u gwneud, ac mae'n dechrau deall eu hystyr. Cyn bo hir, bydd y plentyn yn pwyntio at y trwyn pan fyddwch yn gofyn 'Ble mae dy drwyn?' ac yn dilyn cyfarwyddiadau syml fel 'Rho'r llyfr i Dad.' Mae'r plentyn yn dechrau **deall**. Mae eich plentyn wedi datgloi'r drws i ddechrau deall iaith!

Unwaith y bydd eich plentyn yn deall nifer o eiriau, efallai bydd yn barod i ddechrau dweud rhai ohonyn nhw. Gall plentyn ddynwared gair pan fo'n clywed y gair, neu efallai bydd yn ei ddefnyddio'n annibynnol. Hwyrach na fydd yn gallu ynganu geiriau'n gywir. Fe all ddweud 'dop' yn lle *stop*, 'nana' am *fanana* neu 'toes' am *goes*. Neu gall ddweud rhywbeth sy'n wahanol iawn i'r gair go iawn. Er enghraifft gall ddweud 'baba' am *blanced* neu 'uga' am *cerddoriaeth*. Byddwch chi'n deall ystyr y gair oherwydd bydd yn ei ddefnyddio yn yr un ffordd bob tro.

Mae'n cymryd amser i ddysgu siarad. Gallwch chi deimlo'n rhwystredig ac yn siomedig os nad yw eich plentyn yn defnyddio geiriau. Byddwch yn amyneddgar. Efallai bydd eich plentyn angen clywed gair sawl gwaith cyn ceisio ei ddefnyddio. Os nad yw'n ceisio dweud geiriau, gall fod oherwydd nad ydy'r plentyn yn barod neu'n abl i wneud hynny eto. Ond hyd yn oed os nad yw'n dweud geiriau, mae'n dal wrthi'n dysgu eu hystyr, ac mae hwnnw'n gam pwysig ar y ffordd tuag at ddefnyddio iaith.

Gall arwyddion a lluniau helpu

Os yw eich plentyn yn cael trafferth dysgu dweud geiriau, gall therapydd iaith a lleferydd awgrymu ei dysgu i ddefnyddio arwyddion neu bwyntio at luniau. Fydd defnyddio arwyddion a lluniau ddim yn rhwystro gallu eich plentyn i ddysgu siarad. I'r gwrthwyneb, byddan nhw'n ei helpu i ddeall a dysgu geiriau. Hefyd gall arwyddion a lluniau ei gwneud yn llai rhwystredig oherwydd byddan nhw'n rhoi ffordd i'r plentyn ei mynegi ei hun. Hynny yw, gallan nhw balmantu'r ffordd tuag at eiriau.

Po amlaf bydd eich plentyn yn eich gweld yn gwneud arwydd neu'n pwyntio at lun, hawsaf yn y byd fydd hi i'r plentyn i wneud y cysylltiad a beth ydy'r ystyr. Pan fydd eich plentyn wedi eich gweld yn defnyddio arwydd neu lun sawl gwaith, efallai bydd yn barod i'w ddefnyddio ei hun. Yn yr un ffordd â geiriau cyntaf, gall arwyddion cynnar fod yn fersiynau syml o arwyddion mae oedolion yn eu defnyddio, ond eu bod yn haws i ddwylo eich plentyn eu gwneud.

Ychwanegu iaith trwy'r dydd

Mae ychwanegu iaith yn rhan naturiol o'ch diwrnod. Yn hytrach na neilltuo amseroedd penodol i ddysgu eich plentyn i siarad, manteisiwch ar yr amser yr ydych chi eisoes yn ei dreulio gyda'ch gilydd. Gwnewch y gwaith o ddysgu iaith yn rhan annatod o'ch gweithgareddau pob dydd, a throwch unrhyw gyfnod a dreuliwch gyda'ch plentyn yn gyfle i gyfathrebu.

Ychwanegu iaith wrth wneud gweithgareddau pob dydd: *mae tad Robyn yn dweud 'Barod … i ffwrdd â ti!' bob tro cyn dechrau gwthio Robyn ar y siglen.*

Ychwanegu iaith wrth wneud gweithgareddau pob dydd: *Mae Laura a'i mam yn rhoi dŵr i'r planhigion bob dydd. Pan fydd Laura yn dweud 'Wedi mynd' mae ei mam yn ymateb trwy ychwanegu gwybodaeth am yr hyn sydd o'r diddordeb mwyaf i Laura – bod ei chan dŵr yn wag.*

Ychwanegu iaith pan fydd rhywbeth anarferol yn digwydd: *mae Jamie wedi colli'r sudd ar lawr ac mae ei fam yn rhoi'r geiriau iddo i ddisgrifio beth sydd wedi digwydd.*

Ychwanegu iaith i feithrin dealltwriaeth eich plentyn o'r byd

Mae gan blant lawer i'w ddysgu am y byd, ac maen nhw'n dysgu llawer ohono trwy iaith. Yn gyntaf, rhaid iddyn nhw ddeall ystyr geiriau. Rhan o ddysgu ystyr geiriau yw dysgu sut mae'r un gair yn cael ei ddefnyddio ar gyfer sawl peth sy'n edrych yn wahanol. Er enghraifft mae 'potel' yn disgrifio pethau o wahanol siapiau a meintiau sy'n cynnwys hylif. Hefyd mae plant yn gorfod dysgu llawer o bethau yr ydym ni'r oedolion yn eu cymryd yn ganiataol. Er enghraifft, beth sy'n debygol o ddigwydd yn y dyfodol, pam mae pobl yn gwneud rhai pethau, neu sut mae rhai gwrthrychau yn debyg neu'n wahanol i'w gilydd.

O'r adeg y mae eich plentyn yng nghyfnod y Cyfathrebwr, mae'n dysgu'r holl bethau hyn trwy ryngweithio â chi a'ch clywed chi'n siarad amdanyn nhw wrth iddyn nhw ddigwydd. Pan fyddwch yn ychwanegu iaith, byddwch yn ei chyflwyno nid yn unig i eiriau newydd ond hefyd i syniadau newydd. Efallai na fydd y plentyn yn deall ystyr eich geiriau, ond mae hynny'n iawn. Gyda'ch help chi ac wrth i chi eu hailadrodd dro ar ôl tro, bydd y plentyn yn dod i'w deall, a'u defnyddio ei hun ymhen amser.

Edrychwch eto ar y rhestr wirio ar dudalennau 11–13. Ydy eich plentyn yn yr un cyfnod o ran ei ddealltwriaeth a'i fynegiant? Os yw ei gallu i ddeall wedi datblygu ymhellach na'i gallu i'w mynegi ei hun, cofiwch gadw hynny mewn cof. Ychwanegwch iaith mewn ffyrdd fydd yn datblygu ei gallu i fynegi ei hunan.

Cyfnod y Cyfathrebwr neu'r Defnyddiwr Geiriau Cyntaf: Os yw eich plentyn yn Gyfathrebwr neu'n Ddefnyddiwr Geiriau Cyntaf, bydd y rhan fwyaf o'r iaith rydych yn ei defnyddio yn ymwneud â phethau sy'n digwydd y funud hon. Byddwch yn sgwrsio am y ci yn mynd 'wff-wff', plant yn chwarae pêl y tu allan, goleuadau'n cael eu troi ymlaen a'u diffodd – yr holl bethau mae'n eu gweld a'u clywed.

Mae plant yn y cyfnodau hyn hefyd angen eich clywed chi'n siarad am bethau *nad ydyn nhw'n* digwydd nawr. Dechreuwch trwy siarad am bethau cyfarwydd fydd yn digwydd yn y dyfodol

Mae'r awyren yna'n hedfan yn uchel yn yr awyr.

Mae tad Robyn yn ei helpu i ddysgu am awyrennau.

agos iawn, gan ddefnyddio brawddegau byr ond gramadegol gywir. Er enghraifft pan fyddwch yn dadwisgo eich plentyn i gael bath, gallwch ddweud 'Rwyt ti'n mynd i gael *bath*.' Gallwch siarad hefyd am bethau sydd newydd ddigwydd. Yn syth ar ôl i Nain adael, er enghraifft, gallwch ddweud, 'Mae Nain wedi mynd. Mae hi wedi mynd adref.' Dechreuwch egluro'n syml *pam* mae pethau'n digwydd, fel 'Elli di ddim gwisgo'r crys T yna – mae'n rhy fach.'

Ailadroddwch y syniadau hyn yn aml, gan ychwanegu ystumiau corff ac wyneb i helpu'r plentyn i ddeall. Trwy wneud hyn byddwch yn dechrau cyflwyno iaith i'ch plentyn sy'n adeiladu ei ddealltwriaeth o'r hyn sy'n digwydd yn ei byd. Efallai na fydd y plentyn yn deall popeth a ddywedwch ond dros amser bydd yn deall mwy a mwy o eiriau, a mwy a mwy am y byd.

Cyfnod Deall y Cyfunwr: Wrth i'ch plentyn ddod i ddeall digwyddiadau ymhellach i'r dyfodol neu'r gorffennol, bydd y plentyn yn dechrau deall brawddegau fel 'Rwyt ti'n mynd i barti pen-blwydd Katie yfory' ac 'mi welson ni Jac yn y parc'. Bellach rydych yn ychwanegu iaith i adeiladu ei ddealltwriaeth o syniadau mwy cymhleth, felly byddwch yn siarad mewn brawddegau hirach. Yn y cyfnod hwn, gallwch siarad am **deimladau** ('Rwyt ti'n drist oherwydd dydyn ni ddim yn gallu mynd allan') a **phrofiadau o'r gorffennol** ('Wyt ti'n cofio'r tro 'na pan welson ni blismon ar gefn ceffyl?'). Hefyd gallwch ddefnyddio iaith i **egluro pethau** a siarad am **ddatrys problemau** ('Os byddwn ni'n defnyddio glud, gallwn drwsio'r lamp yna') ac i **esgus** a **dychmygu** ('Dwi'n mynd i hedfan i'r lleuad! Wyt ti eisiau dod?').

Mae tad Carwyn yn ychwanegu iaith trwy egluro iddo pam nad ydy'r lori yn ffitio i mewn i'r twll.

Ychwanegu iaith i helpu eich plentyn i'w fynegi ei hun

Mae'r ffordd rydych yn ychwanegu iaith i helpu eich plentyn i'w fynegi ei hun yn dibynnu ar ei gyfnod cyfathrebu. Ym mhob cyfnod, bydd eich plentyn angen rhywbeth ychydig yn wahanol gennych.

Siaradwch â Darganfyddwr fel pe bai'n gallu siarad â chi

Pan fyddwch yn ychwanegu iaith gyda Darganfyddwr, siaradwch â'r plentyn fel pe bai'n gallu siarad â chi. Gwyliwch, Disgwyliwch a Gwrandewch bob tro i ddarganfod beth sydd wedi tynnu ei sylw. Yna edrychwch i fyw ei llygaid a siarad amdano. Siaradwch yn frwdfrydig ac yn fywiog a defnyddiwch synau ac ystumiau hwyliog. Os ydych yn gweld eich bod yn ailadrodd o hyd ac o hyd, daliwch ati. Dyma'r ffordd i siarad â Darganfyddwr a chadw ei sylw. Os yw eich plentyn yn dawel ac yn araf i ryngweithio, cymerwch saib ar ôl i chi ddweud rhywbeth er mwyn rhoi cyfle i'r plentyn i ymateb. Ond peidiwch â bod yn ddistaw eich hunan! Mae eich plentyn angen clywed eich llais bob tro y byddwch chi gyda'ch gilydd. Po fwyaf y bydd yn clywed eich llais, mwyaf i gyd y bydd y plentyn yn darganfod ac yn defnyddio ei lais ei hun.

Yli pwy sy 'ma!
Dyma Andrew.
Helô Andrew!

Mae tad Katie yn gweld ei bod wedi sylwi ar ei brawd felly mae'n ychwanegu'r geiriau sy'n disgrifio beth sydd wedi tynnu sylw Katie.

Helpu Cyfathrebwyr, Defnyddwyr Geiriau Cyntaf a Chyfunwyr i'w mynegi eu hunain

Pan fyddwch yn ychwanegu iaith er mwyn helpu Cyfathrebwr, Defnyddiwr Geiriau Cyntaf neu Gyfunwr i'w mynegi ei hun, dilynwch y pedair strategaeth hyn:

- Sôn am beth sy'n digwydd y funud honno
- Ailadrodd geiriau pwysig
- Defnyddio amrywiaeth o eiriau
- Ehangu neges eich plentyn

Sôn am beth sy'n digwydd y funud honno

Pan fydd eich plentyn yn cyfathrebu â chi, dylai eich ymateb fod yn berthnasol i'r hyn sy'n denu diddordeb y plentyn y funud honno. Y ffordd orau o wella iaith y plentyn yw ychwanegu iaith sy'n gysylltiedig â beth bynnag mae'r plentyn yn cyfathrebu amdano. Mae'n ei helpu i gysylltu'r hyn sy'n denu ei diddordeb â'r geiriau sy'n cyd-fynd â hynny, a bydd yn haws iddi eu dysgu.

Mae Sofía yn tynnu sylw ei mam at y glaw y tu allan, felly mae ei mam yn ymateb trwy sôn am yr hyn sydd o ddiddordeb i Sofia y funud honno.

Byddwch yn helpu eich plentyn i fynegi ei hunan os byddwch chi yn defnyddio'r un gair am yr un peth bob tro. Er enghraifft, os bydd y plentyn yn gweld cath ac yn pwyntio ati, defnyddiwch yr un gair – e.e. 'cath' – wrth ymateb. Peidiwch â newid y gair i 'pws' neu 'pwsi'.

Mae'n bwysig hefyd defnyddio geiriau penodol yn hytrach na geiriau fel *fo, hi, rheini*. Er enghraifft, os yw eich plentyn am eich helpu i osod y bwrdd a chithau'n rhoi plât i'r plentyn i'w roi ar y bwrdd, dywedwch 'Rho'r *plât* ar y bwrdd' yn hytrach na 'Rho *fo* ar y bwrdd.' Wrth wneud hyn, bydd eich plentyn yn clywed y gair ei hun yn amlach, a bydd yn haws i'r plentyn i ddysgu ei ddweud.

Ailadrodd geiriau pwysig

Er mwyn helpu eich plentyn i ddysgu dweud geiriau newydd, ailadroddwch y geiriau pwysig sy'n ei helpu i fynegi beth sydd ar feddwl y plentyn. Er enghraifft, os bydd y plentyn yn dangos i chi ei fod wedi gwlychu yn y glaw, dywedwch, 'Rwyt ti'n wlyb socian,' gan dynnu sylw at y gair pwysig 'gwlyb'. Yna ailadroddwch y gair 'gwlyb' yn ystod y sgwrs. Ceisiwch ailadrodd y gair dair i bump o weithiau yn ystod y rhyngweithiad os gallwch chi – ond ddim i gyd ar unwaith. Defnyddiwch y gair wrth i chi gymryd tro, yna defnyddiwch ef eto wrth i chi gymryd tro eto. Ewch i dudalen 114 i gael mwy o wybodaeth ynghylch helpu eich plentyn i ddysgu geiriau newydd.

Mae gan Gwen ddiddordeb mawr yn ffôn ei thad, ac mae'n ei helpu i ddysgu dweud y gair. Mae'n gwneud yn siŵr ei fod yn dweud y gair 'ffôn' bob tro bydd yn cymryd ei dro.

Defnyddio amrywiaeth o eiriau

Pan fyddwch yn helpu eich plentyn i'w mynegi ei hun, mae'n naturiol dweud enwau pethau wrth y plentyn (er enghraifft, ci, llyfr neu hufen iâ). Ond mae eich plentyn angen dysgu nifer o eiriau gwahanol. Meddyliwch am yr holl eiriau y gallwch eu defnyddio wrth siarad â'ch plentyn am dedi bêr.

Enwau:
arth, tedi, tedi bêr,

Geiriau cwestiwn:
beth, ble

Geiriau disgrifio:
meddal, mawr,

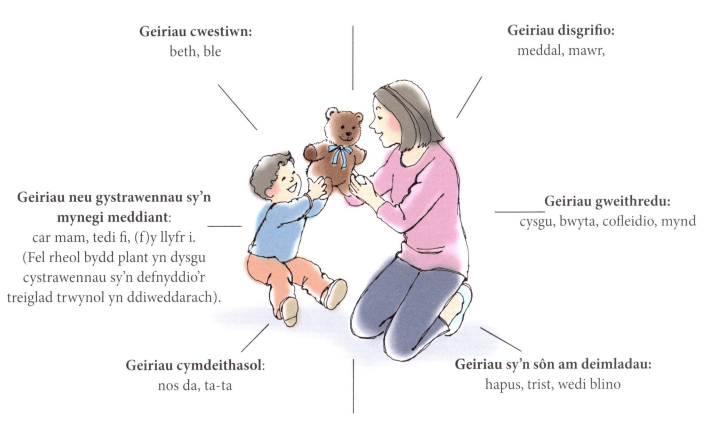

Geiriau neu gystrawennau sy'n mynegi meddiant:
car mam, tedi fi, (f)y llyfr i.
(Fel rheol bydd plant yn dysgu cystrawennau sy'n defnyddio'r treiglad trwynol yn ddiweddarach).

Geiriau gweithredu:
cysgu, bwyta, cofleidio, mynd

Geiriau cymdeithasol:
nos da, ta-ta

Geiriau sy'n sôn am deimladau:
hapus, trist, wedi blino

Geiriau lleoli (lle mae pethau):
(i) fyny, (i) lawr, (o) dan

Pa eiriau dylech eu hychwanegu i helpu eich plentyn i'w mynegi ei hun? Dechreuwch gyda geiriau ar gyfer y pethau sy'n denu ei ddiddordeb fwyaf – geiriau mae'n eu deall ac yn eu cyfathrebu trwy symudiadau neu ystumiau ond na all eu dweud na'u harwyddo eto. Meddyliwch am y geiriau y byddai eich plentyn eisiau eu dweud. Efallai eich bod chi am i'r plentyn ddysgu'r gair *Plis* ond fydd gan y plentyn ddim diddordeb yn y gair hwnnw. Byddai'n well gan y plentyn ddweud *ci, rhedeg, hufen iâ* neu *ymlaen* (am olau) oherwydd pethau felly sydd o ddiddordeb gwirioneddol i'r plentyn.

Unwaith bydd eich plentyn yn defnyddio tua 50 o eiriau neu arwyddion, efallai bydd yn barod i gyfuno geiriau'n frawddegau dau air. Pan fyddwch yn ychwanegu amrywiaeth o eiriau, rydych yn rhoi'r blociau adeiladu sydd eu hangen ar y plentyn i wneud hynny. Mae geiriau gweithredu fel *gwthio*, *neidio* a *cysgu* yn arbennig o bwysig oherwydd eu bod yn cyfuno'n rhwydd â geiriau eraill i wneud brawddegau dau air (fel 'Dadi cysgu' neu 'Gwthio lori').

Mae gwybod amrywiaeth o eiriau yn rhoi'r blociau adeiladu sydd eu hangen ar Bryn er mwyn cyfuno geiriau.

Ehangu neges eich plentyn

P'un a ydy eich plentyn yn defnyddio un gair neu ddau neu fwy ar y tro, gallwch ei helpu i siarad mewn brawddegau hirach trwy ehangu ei neges. Gallwch wneud hyn trwy ymateb gyda brawddeg sydd ychydig yn hirach, gan gynnwys geiriau'r plentyn bob tro i wneud y frawddeg yn fwy cyflawn. Hyd yn oed os gall y plentyn ddeall brawddegau hirach, cadwch eich brawddegau yn fyr, ond yn ramadegol gywir. Dyna sut rydych yn cynyddu gallu'r plentyn i fynegi ei hun.

Mae mam Siôn yn ehangu ei neges, gan ychwanegu ychydig o eiriau i'r gair y mae wedi'i ddweud.

Mae mam Gruff yn ehangu'r neges i ddangos y cam nesaf iddo, gan ddefnyddio geiriau gweithredu.

Amlygu eich iaith

Mae helpu eich plentyn i ddeall a defnyddio iaith rywbeth yn debyg i chwarae gêm taflu pêl gyda'r plentyn. Rydych chi'n gwneud popeth o fewn eich gallu i'w helpu i ddal y bêl. Rydych yn defnyddio pêl fwy, feddalach. Rydych yn cael ei sylw. Ac yna rydych yn taflu, yn rowlio neu yn rhoi'r bêl yn ofalus i'r plentyn. Fyddech chi ddim yn breuddwydio taflu'r bêl yn galed neu ei thaflu os byddai'r plentyn yn edrych ffordd arall.

Mae'n gweithio yn yr un ffordd pan fyddwch yn siarad â'ch plentyn. Nid yn unig y geiriau rydych chi'n eu dweud wrth eich plentyn sy'n ei helpu i ddysgu iaith, ond sut rydych yn eu dweud. Wrth wneud i'ch geiriau sefyll allan – eu hamlygu – rydych yn ei helpu i'w deall ac ymhen amser, i ddysgu eu dweud.

I amlygu'r geiriau rydych yn eu hychwanegu, cofiwch y pedwar canllaw yma:

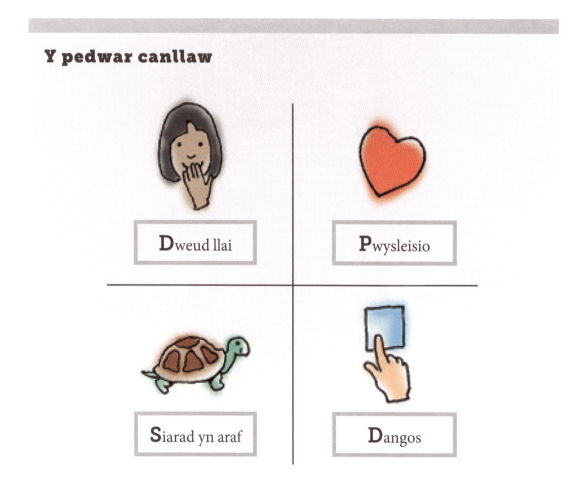

Y pedwar canllaw

Dweud llai

Pwysleisio

Siarad yn araf

Dangos

Yna *Ailadrodd, Ailadrodd, Ailadrodd.*

✦ **Dweud llai:** Defnyddiwch frawddegau byr, syml ond gramadegol gywir wrth siarad â'ch plentyn. Dydy'r plentyn ddim yn gallu derbyn gormod o wybodaeth gyda'i gilydd. Os dywedwch lai, bydd yn haws i'r plentyn ddeall a chofio'r geiriau rydych yn eu defnyddio. Mae'n haws hefyd i'r plentyn ddynwared gair pan gaiff ei amlygu mewn brawddeg fyrrach.

Sofia, rhaid i ti wisgo dy sgidiau am ei bod hi'n amser mynd i nôl Rhodri o'r ysgol.

Mae 16 o eiriau ym mrawddeg tad Sofia – gormod o wybodaeth i Sofia ei deall.

Sgidiau. Gwisga dy sgidiau. Rydyn ni'n mynd i nôl Rhodri o'r ysgol.

Mae brawddegau byr, gramadegol gywir yn ei gwneud yn llawer haws i Sofia ddeall beth mae ei thad yn ei ddweud.

✦ **Pwysleisio:** Gwnewch i'r geiriau pwysig sefyll allan. Er enghraifft, yn y frawddeg 'Mae'r te yma'n boeth iawn,' y geiriau pwysicaf yw 'te' a 'poeth'. Mae pwysleisio'r geiriau hyn yn dal sylw eich plentyn ac yn ei helpu i'w deall a'u dysgu. Mae hefyd yn ei gwneud yn haws i'r plentyn geisio eu dweud. I bwysleisio geiriau, defnyddiwch lais bywiog, dywedwch y geiriau ychydig yn uwch, neu newidiwch dôn eich llais.

Mae'r **te** yma yn ... **boeth** iawn.

Mae mam Megan yn pwysleisio'r geiriau pwysig er mwyn iddyn nhw sefyll allan.

✦ **Siarad yn araf:** Siaradwch yn araf gyda'ch plentyn er mwyn rhoi amser i'r plentyn i ddeall yr hyn yr ydych yn ei ddweud. Byddwch hefyd yn rhoi cyfle i'r plentyn i geisio dweud gair ei hunan. Does dim rhaid i chi siarad yn araf iawn – ond yn ddigon araf i'w gwneud yn haws i'r plentyn i brosesu'r hyn mae'n ei glywed.

✦ **Dangos:** Mae plant ifanc ar eu gorau yn dysgu iaith pan fyddan nhw'n gallu gweld am beth rydych yn siarad. Mae cymhorthion gweledol yn cynnig sawl ffordd o ddangos ystyr gair. Unwaith byddwch yn deall y gwahanol ffyrdd o'u defnyddio, gallwch benderfynu pa gymhorthion gweledol sy'n gweithio orau i'ch plentyn.

Mae tair ffordd sylfaenol o ddefnyddio cymhorthion gweledol: **dangos neu bwyntio** at y peth rydych yn siarad amdano; **ychwanegu symudiadau**, cynnwys **ystumiau** neu **arwyddion** at y geiriau rydych chi'n ei defnyddio neu gallwch **ddefnyddio lluniau** o'r pethau rydych yn siarad amdanyn nhw.

Dangoswch neu pwyntiwch at y peth rydych yn siarad amdano: Mae hyn yn helpu eich plentyn mewn dwy ffordd. Os ydych yn siarad, mae'n ei helpu i ddeall am beth rydych yn siarad. Os mai *eich plentyn* sy'n anfon neges, pwyntiwch at y peth mae'n siarad amdano. Bydd hyn yn gadael i'r plentyn wybod eich bod yn gwrando a'ch bod yn deall beth mae'n ddweud.

Mae cymhorthion gweledol, fel pwyntio, yn helpu eich plentyn i wneud y cysylltiad rhwng y geiriau yr ydych yn eu dweud a'u hystyr.

Ychwanegwch symudiadau, ystumiau neu arwyddion at eich geiriau: Bydd defnyddio symudiadau, ystumiau ac arwyddion wrth siarad yn helpu i ddangos ystyr eich geiriau i'ch plentyn. Er enghraifft, gallwch ysgwyd eich pen wrth ddweud 'Na', estyn eich breichiau wrth ddweud 'Wyt ti eisiau cael dy godi?' a chodi llaw wrth ddweud 'Ta-ta'. Bydd hyn yn helpu eich plentyn i'ch deall. Bydd hefyd yn dangos i'r plentyn ffordd o gyfathrebu heb eiriau, a gall ddysgu gwneud hyn ei hun. Ac mae eich gweld yn defnyddio ystum ynghyd â gair yn helpu eich plentyn i ddysgu dweud y gair.

Dwi'n mynd i dy oglais di.

Yyyyyyy

Mae ystum tad Jac yn ei helpu i ddeall beth sy'n mynd i ddigwydd nesaf ac yn rhoi cyfle Iddo i gymryd ei dro.

Bisged. Rwyt ti eisiau bisged.

Wrth i fam Hanifa ddehongli ystum Hanifa, mae'n ychwanegu'r arwydd 'bisged' at y gair.

Defnyddiwch luniau o'r pethau rydych yn siarad amdanyn nhw: Mae dangos neu bwyntio at luniau yn gallu helpu eich plentyn i ddeall beth rydych yn siarad amdano pan nad yw'r gwrthrychau eu hunain yn y golwg.

Dydy Robyn ddim yn siŵr am beth mae ei fam yn sôn …

… nes iddi ddangos llun iddo o'r parc.

Mae rhai lluniau yn haws i'ch plentyn eu deall nag eraill. Os yw eich plentyn yn dal i ddysgu adnabod lluniau, defnyddiwch ffotograff neu lun lliw clir. Dangoswch i'r plentyn luniau o wrthrychau a phobl sy'n bwysig i'r plentyn. Siaradwch am y lluniau yn ei hoff lyfrau. A rhowch luniau wrth ochr gwrthrychau go iawn.

    Defnyddiwch luniau i gadw'r sgwrs i fynd, nid i brofi'r hyn y mae eich plentyn yn ei wybod. Yn hytrach na gofyn i'r plentyn 'Beth ydy hwn?' pan fyddwch yn edrych ar lun, dangoswch y llun i'r plentyn a dywedwch rywbeth amdano. Yna arhoswch er mwyn i'r plentyn gymryd tro. Ymatebwch trwy ddilyn arweiniad y plentyn wrth i'r plentyn gyfathrebu ac yna arhoswch er mwyn i'r plentyn gymryd tro arall.

✦ **Ailadrodd, Ailadrodd, Ailadrodd:** Gorau po amlaf y bydd eich plentyn yn clywed gair (neu'n gweld arwydd neu lun) sy'n cyfleu'r hyn y mae gan y plentyn ddiddordeb ynddo. Bydd hyn yn haws i'r plentyn ei ddeall a'i gofio – ac yn fwy tebygol y bydd yn ceisio ei ddweud. Ailadroddwch y gair tua 3–5 gwaith yn ystod rhyngweithiad. Er enghraifft, wrth helpu eich plentyn i ddadwisgo, gallwch ailadrodd y gair 'tynnu' lawer gwaith. Gallwch chi ddweud, 'Mi wnawn ni *dynnu* dy esgidiau…' ac aros iddo gymryd tro. Ymatebwch i'r tro gan ychwanegu, 'Nawr mi wnawn ni *dynnu* dy sanau…', ac aros iddo gymryd tro ac ymateb. Ailadroddwch y gair mewn gwahanol sefyllfaoedd hefyd. Er enghraifft, 'mi wnawn ni *dynnu*'r llenni rŵan' neu 'Wyt ti eisiau *tynnu* cortyn y golau?' Peidiwch â mynnu bod eich plentyn yn ailadrodd y gair ar eich ôl. Mae'r plentyn yn dysgu dim ond trwy ei glywed.

Ychwanegu iaith mewn dwy ffordd

Hyd yn hyn rydych chi wedi dysgu am ddwy ffordd o ychwanegu iaith sef er mwyn adeiladu dealltwriaeth eich plentyn o'r byd, ac er mwyn ei helpu i'w mynegi ei hun. Yn aml iawn, byddwch chi'n cyfuno'r ddwy ffordd hyn mewn un tro, fel yn yr enghreifftiau hyn:

Mae Dad yn ychwanegu iaith mewn dwy ffordd i Robyn, sy'n Gyfathrebwr, ac sydd newydd ddod o hyd i'w lori yn y bocs llythyrau! **Mae'n siarad am rywbeth sy'n digwydd y funud honno** ac yn **ailadrodd y gair pwysig** *(lori) i helpu Robert i'w fynegi ei hun. Mae hefyd yn disgrifio'r hyn sy'n digwydd, er mwyn meithrin dealltwriaeth Robert o'r byd.*

Mae mam Siôn, sy'n Ddefnyddiwr Geiriau Cyntaf, yn ychwanegu iaith mewn dwy ffordd. Mae hi'n dewis **siarad am yr hyn y mae Siôn yn ei gyfathrebu,** *er mwyn ei helpu i ddysgu dweud y gair 'trwm'. Yna mae hi'n ychwanegu* **rhywfaint o wybodaeth syml** *sy'n adeiladu ei ddealltwriaeth.*

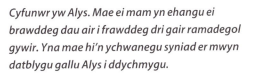

Cyfunwr yw Alys. Mae ei mam yn ehangu ei brawddeg dau air i frawddeg dri gair ramadegol gywir. Yna mae hi'n ychwanegu syniad er mwyn datblygu gallu Alys i ddychmygu.

Dewis targedau cyfathrebu

Gwelsom ym Mhennod 1, oherwydd bod sgiliau rhyngweithio da yn rhan hanfodol bwysig o broses dysgu iaith eich plentyn, ein bod ni'n dechrau bob tro â **thargedau rhyngweithio.**

1. **Targed rhyngweithio: Cymryd tro yn gyntaf:** Bydd fy mhlentyn yn cymryd ei dro yn gyntaf wrth ryngweithio â mi. (*I Gyfathrebwyr, Defnyddwyr Geiriau Cyntaf a Chyfunwyr*)
2. **Targed rhyngweithio: Cymryd rhagor o droeon:** Bydd fy mhlentyn yn cymryd rhagor o droeon yn ôl ac ymlaen wrth ryngweithio â mi. (*I blant ym mhob un o'r pedwar cyfnod*)
3. **Targed rhyngweithio: Cael hwyl a sbri:** Bydd fy mhlentyn yn *cael hwyl a sbri* wrth ryngweithio â mi. (*I blant ym mhob un o'r pedwar cyfnod*)

Bydd yr holl strategaethau a ddisgrifiwyd ym Mhenodau 2, 3, 4 a 5 yn eich helpu i adeiladu sgiliau rhyngweithio eich plentyn. Unwaith bydd eich plentyn yn cymryd troeon cyntaf yn amlach a'r ddau ohonoch yn mwynhau cymryd eich tro bob yn ail, gallwch feddwl am ei helpu i gymryd tro penodol fydd yn ei helpu i wella ei mynegiant.

4. **Targed cyfathrebu mynegiannol: Tro penodol:** Bydd fy mhlentyn yn cymryd tro penodol yn ystod ein sgyrsiau.

    Bydd: ....

Defnyddiwch y siart ar dudalen 14 i ddewis targed cyfathrebu mynegiannol eich plentyn. Mae gennych ddau ddewis Gallwch ganolbwyntio ar ei helpu:
*   i wneud mwy yn y cyfnod cyfathrebu presennol: neu
*   i gymryd cam tuag at y cyfnod cyfathrebu nesaf.

Mae'n well canolbwyntio ar helpu eich plentyn i wneud mwy o'r hyn mae'r plentyn yn ei wneud yn y cyfnod cyfathrebu presennol:
*   os nad yw'n cyfathrebu'n aml iawn;
*   os nad yw'n cyfathrebu mewn llawer o sefyllfaoedd gwahanol neu am amrywiaeth o resymau;
*   os ydy'r eirfa yn gyfyngedig (e.e. nifer ystumiau, geiriau neu ymadroddion), ac o ran yr amrywiaeth o fathau o eiriau sy'n cael eu defnyddio gan y plentyn (e.e. geiriau gweithredu, geiriau disgrifio, geiriau lleoli)

Er enghraifft, os yw eich plentyn yn Ddefnyddiwr Geiriau Cyntaf, sydd â geirfa o ryw 20 o eiriau (enwau gwrthrychau a phobl yn bennaf), a bod eich plentyn yn eu defnyddio anghyson a dim ond mewn ychydig o sefyllfaoedd, dylech ganolbwyntio ar ei helpu i ddysgu gwneud mwy yn ystod y cyfnod cyfathrebu presennol. Mae eich plentyn angen cynyddu nifer y geiriau a'r mathau o eiriau (e.e. geiriau gweithredu, geiriau disgrifio) yn yr eirfa. Hefyd mae angen defnyddio'r geiriau hyn yn amlach ac am amrywiaeth o resymau (e.e. sylwadau, cwestiynau). Unwaith bydd eich plentyn wedi ennill y sgiliau hynny, gallwch ei helpu i gymryd cam tuag at y cyfnod cyfathrebu nesaf.

Rydym yn argymell yn gryf eich bod yn gofyn am gymorth gan therapydd iaith a lleferydd i asesu eich plentyn a'ch helpu i osod targedau cyfathrebu.

Dewis targedau cyfathrebu *ymarferol*

Ystyr targedau cyfathrebu *ymarferol* yw targedau y mae eich plentyn yn barod i'w cyflawni, gyda'ch help. Wrth ddewis targed cyfathrebu ymarferol i'ch plentyn, defnyddiwch y tri chanllaw hyn: dylai'r targed fod yn ddefnyddiol, yn benodol ac yn realistig.

✦ **Defnyddiol:** Mae targed defnyddiol yn un sy'n helpu eich plentyn i gyfathrebu ei hanghenion a'i ddiddordebau – a lle mae'n teimlo cymhelliant i'w mynegi. Efallai eich bod chi eisiau i'ch plentyn ddweud 'poti' ond does gan y plentyn ddim awydd gwneud hynny. Os ydy eich plentyn wrth ei fodd gydag anifail anwes y teulu, yn mwynhau cicio pêl, troi goleuadau ymlaen a'u diffodd a sblasio yn y bath, dewiswch dargedau sy'n ei helpu i gyfathrebu ynghylch y pethau hynny.

✦ **Penodol:** Dylai targedau cyfathrebu fod yn ddigon penodol fel y byddwch yn gwybod pryd maen nhw wedi cael eu cyflawni. Dyma enghraifft o darged penodol: 'Bydd fy mhlentyn yn dweud 'agor' wrth ofyn i mi agor y tap amser bath.'

✦ **Realistig:** Mae targed cyfathrebu realistig yn un sy'n addas i gyfnod cyfathrebu a galluoedd eich plentyn ar y pryd. Peidiwch â disgwyl gormod yn rhy fuan.

Edrychwch ar 'Syniadau ar Gyfer Dewis Targedau' ar dudalennau 104–6. Os yw eich plentyn yn barod i ddysgu dweud geiriau, ceisiwch ddewis geiriau gyda synau mae'r plentyn yn eu defnyddio. Er enghraifft os ydy'r plentyn yn dweud 'baba' am flanced a 'mmmmm' pan fydd eisiau rhywbeth, yna bydd geiriau'n dechrau â 'b' ac 'm' yn haws i'r plentyn eu dysgu.

Cyn belled â bod y targed ar gyfer eich plentyn yn realiastig a bod y plentyn yn gallu cyrraedd y targed trwy gyfrwng sgyrsiau hwyliog gyda chi, mae'r dysgu'n digwydd. Peidiwch â gofyn i'r plentyn ddweud y gair neu ddefnyddio'r ystum. Ddylech chi ddim rhoi unrhyw bwysau ar y plentyn i gyrraedd y targed – dylai dysgu cyfathrebu fod yn hwyl!

Pryd gallwch chi ddweud bod eich plentyn wedi 'dysgu' gair?

I ddechrau bydd eich plentyn yn **dynwared** y gair, gan ei ddweud dim ond pan fydd yn eich clywed chi yn ei ddweud. Efallai na fydd yn swnio'n ddim byd tebyg i'r gair go iawn, ond yn meddwl y plentyn, mae'n dweud y gair. Mae rhai plant yn dynwared geiriau am gyfnod hir iawn. Ymhen amser, efallai bydd yn dweud y gair yn ddigymell. Gallwch gymryd bod eich plentyn wedi 'dysgu' gair pan fydd yn ei ddweud **o leiaf deirgwaith mewn tair sefyllfa wahanol** heb ei glywed gyntaf.

Enghreifftiau o dargedau cyfathrebu *ymarferol* mewn tri chyfnod

1. Targed Cyfathrebu Darganfyddwr: Anfon neges gyda'r bwriad penodol o ofyn am rywbeth

Mae Jac, sy'n Ddarganfyddwr, yn mwynhau rhyngweithio â'i fam. Mae'n dangos ei fwynhad trwy symud ei gorff, gwneud synau a thrwy edrych i fyw ei llygaid. Mae'n gwenu ac yn parablu llawer ac wedi dechrau dangos ei fod yn gwybod beth sy'n dod nesaf yn ei weithgareddau pob dydd. Er enghraifft, mae'n dechrau cynhyrfu pan fydd ei fam yn mynd ag ef i'r ystafell ymolchi i gael bath a phan fydd yn agor y rhewgell i gael sudd iddo. Dydy e ddim wedi gwneud y 'cyswllt cyfathrebu' eto (gweler tudalen 6), ac mae ei fam yn credu bod hyn yn darged cyfathrebu defnyddiol a realistig ar ei gyfer.

Targed: Bydd Jac yn defnyddio synau, symudiadau corff ac/neu edrychiadau i ofyn i'w fam am rywbeth

Er mwyn helpu Jac i gyrraedd y targed yma, mae ei fam yn gwneud y canlynol:

- Mae'n dechrau trwy roi ei hoff glustog wrth ei ymyl ar y soffa, lle mae'n gallu ei weld ond heb allu ei gyrraedd.
- Mae Jac yn gwingo ac yn gwneud sŵn, felly mae ei fam yn codi'r glustog ac yn ei rhoi iddo, gan ddweud 'Rwyt ti eisiau dy glustog'. Mae hi'n siarad â Jac tra bydd yn dal y glustog.
- Mae'n ailadrodd y camau hyn gyda'r glustog mewn gwahanol sefyllfaoedd – mae'n gwneud yn siŵr bob tro bod Jac yn gallu gweld y glustog. Os oes angen, mae'n dal y glustog wrth ei hwyneb.
- Bob tro bydd mam Jac yn agosáu ato, mae hi'n gwneud yn siŵr ei bod yn ei wynebu fel ei bod yn hawdd iddo edrych arni. Mae edrych yn rhan bwysig o roi gwybod i rywun cich bod chi eisiau rhywbeth ac mae hi am annog hynny. Os bydd yn edrych arni, hyd yn oed am eiliad neu ddwy, tra bydd hi'n dal y glustog, mae'n ei rhoi iddo, gan ddweud 'Rwyt ti eisiau dy glustog'. Yna mae'n siarad ag ef tra bydd yn dal y glustog.
- Wrth ddilyn y camau hyn gyda Jac, mae ei fam yn parhau i ymateb iddo bob tro mae'n symud, yn edrych arni neu'n gwneud sŵn, fel pe bai'n gofyn iddi am y glustog. Er ei bod yn gobeithio y bydd yn edrych arni bob tro, ar hyn o bryd mae'n derbyn pob un o adweithiau Jac fel pe baent yn anfon neges benodol.
- Cyn bo hir mae'n sylwi bod Jac yn dechrau edrych arni cyn gynted ag y bydd yn dal y glustog wrth ei hwyneb. Felly mae'n rhoi'r glustog iddo'n gyflym, gan ddweud 'Rwyt ti eisiau dy glustog' er mwyn dangos iddo, pan fydd yn edrych arni, ei fod yn dweud wrthi ei fod eisiau'r glustog.
- Mae mam Jac yn cyflwyno gwahanol bethau iddo, gan ddilyn yr un camau. Mae'n gwneud yr un peth gyda rhai o'i hoff fwydydd. Mae hi'n gwybod y bydd yn cymryd amser iddo anfon negeseuon bwriadol ati, ond mae'n gweld ei fod yn dechrau gwneud y 'cyswllt cyfathrebu'.

2. Targed cyfathrebu'r Cyfathrebwr
Dynwared geiriau

Cyfathrebwr yw Robyn gydag arddull cyfathrebu amharod. Mae'n cyfathrebu gan ddefnyddio cyfuniad o edrychiadau, symudiadau, ystumiau a rhai synau. Ond fel rheol mae'n gofyn am bethau trwy ddefnyddio symudiadau ac ystumiau. Er enghraifft, pan fydd ar y siglen ac am i'w dad ei wthio, mae'n pwyso'n ôl ac ymlaen. Yn ddiweddar mae ei dad wedi clywed Robyn yn gwneud synau sydd mewn gwirionedd yn ymgais cyntaf i ddweud geiriau, yn enwedig yn ystod gemau pobl. Felly mae ei dad yn meddwl mai un targed realistig a defnyddiol fyddai iddo ddynwared gair, hyd yn oed os dim ond un sain sy'n y gair.

Targed: Bydd Robyn yn cymryd tro trwy ddynwared y gair 'I ffwrdd!' (neu wneud unrhyw sŵn sy'n ei gynrychioli) i ofyn i'w dad ei wthio ar y siglen.

Er mwyn helpu Robyn i gyrraedd y targed yma, mae ei dad yn gwneud y canlynol:

- Mae'n dechrau trwy roi Robyn yn y siglen a dweud 'Barod ...' Ac yna mae'n aros i Robyn ofyn iddo ei wthio. Mae Robyn yn gwneud yr hyn bydd yn ei wneud bob tro – yn pwyso'n ôl ac ymlaen. Ond y tro hwn, dyw ei dad ddim yn gwthio'r siglen. Mae'n dweud 'I ffwrdd!' cyn gynted ag y bydd Robyn yn pwyso'n ôl ac ymlaen. Mae Robyn yn gwneud hyn eto ac mae ei dad yn dweud 'I ffwrdd!' eto gan ofalu ei ddweud tra bo Robyn yn pwyso'n ôl ac ymlaen er mwyn i Robyn sylweddoli bod hon yn ffordd arall o ofyn yr un peth.

- Mae tad Robyn yn disgwyl ac yn rhoi ciw i Robyn i ddweud y gair 'I ffwrdd!' trwy bwyso ymlaen tuag ato gyda golwg ddisgwylgar ar ei wyneb – yn gwenu, yn agor ei lygaid yn fawr ac yn codi ei aeliau.

- Mae'n ailadrodd 'I ffwrdd!' wrth i Robyn barhau i bwyso'n ôl ac ymlaen, ac yna mae'n aros eto. Y tro hwn mae Robyn yn deall y neges ac yn dweud, 'Wr!' Mae'r tad yn dweud 'I ffwrdd!' ac yn gwthio'r siglen ar unwaith – ond nid yn galed iawn, fel y bydd yn arafu'n fuan ac y caiff roi cynnig arall arni!

- Mae tad Robyn yn ailadrodd y camau hyn drosodd a throsodd. Bob tro bydd Robyn yn dechrau pwyso'n ôl ac ymlaen, mae ei dad yn dweud 'I ffwrdd!' Cyn bo hir mae Robyn yn sylweddoli nad yw pwyso'n ôl ac ymlaen yn gweithio. Cyn gynted ag y bydd ei dad yn dweud 'I ffwrdd!', mae'n dynwared y gair, gan ddweud, 'Wr!'

- Unwaith bydd Robyn wedi dynwared 'I ffwrdd!' sawl gwaith, mae ei dad eisiau gweld a fydd yn gallu dweud y gair ei hun. Felly mae tad Robyn yn dweud 'Barod ...' Ac yn aros i weld a fydd Robyn yn dweud 'Wr' heb glywed ei dad yn dweud 'I ffwrdd!' yn gyntaf. Dydy Robyn ddim yn dweud y gair, felly mae ei dad yn dweud 'I ffwrdd!' ac yn aros. Mae Robyn yn dweud 'Wr', ac mae ei dad yn gwthio'r siglen.

- Mae'n cymryd amser i ddysgu cyfathrebu. Ar ôl llawer o ymarfer, bydd Robyn yn gallu dweud y gair 'Ffwrdd!' ei hun.

3. Targed cyfathrebu Defnyddiwr Geiriau Cyntaf: Yn gyntaf, dynwared gair gweithredu ac yna'n ei ddweud yn annibynnol (er mwyn cael mwy o amrywiaeth geiriau)

Mae Sofia yn Ddefnyddiwr Geiriau Cyntaf sy'n dweud tua 20 o eiriau unigol yn ogystal â defnyddio llawer o ystumiau. Mae'n dweud geiriau fel 'baba' am *botel*, 'dw' am *ddŵr, fyny, ci, mam, dad, llyfr, na* a '*di mynd*, ond mae'n defnyddio dau air gweithredu yn unig (*chwythu* a *neidio*).

Mae ei mam yn gwybod bod Sofia angen gofyn am ei help i agor llawer o bethau, felly mae'r gair 'agor' yn darged defnyddiol. Am fod Sofia eisoes yn defnyddio geiriau unigol, gan gynnwys dau air gweithredu, mae'r targed o ddynwared a dweud y gair 'agor' yn darged ymarferol a realistig.

Targed: Bydd Sofia yn defnyddio'r gair 'agor' i ofyn i'w mam agor rhywbeth.

Er mwyn helpu Sofía i gyrraedd y targed hwn, mae ei mam yn gwneud y canlynol:

- Pan fydd Sofía yn gofyn iddi agor rhywbeth (gan ddefnyddio symudiadau, synau a/neu ystumiau), mae ei mam yn ei hwynebu ac yn dweud, 'Dere i ni agor y bag. Agor,' neu 'Dere i ni agor y drws. Agor,' gan bwysleisio'r gair i'w gwneud yn haws i Sofía ei ddweud.
- Yna mae'n aros, gyda golwg ddisgwylgar ar ei hwyneb.
- Os yw Sofía yn ceisio cydio yn y gwrthrych mae hi eisiau ei agor, mae ei mam yn dweud, 'Dere i ni agor y parsel. Agor,' neu 'Dere i agor y botel. Agor,' ac yn aros i weld a fydd hi'n dweud y gair.
- Mae mam Sofía yn gwneud yn siŵr bod Sofía yn clywed y gair 'Agor' dair i bum gwaith yn ystod pob rhyngweithiad.
- Cyn gynted ag y bydd Sofía yn ceisio dweud y gair, hyd yn oed os yw hi'n dweud rhan ohono'n unig, bydd Mam yn dweud, 'Dere i ni agor y parsel,' (neu beth bynnag yw'r gwrthrych) a'i agor.

Os nad yw Sofía yn ceisio dweud 'agor,' mae ei mam yn symud ymlaen. Mae hi'n dweud, 'Dere i ni agor y bag,' a'i agor.

Mae mam Sofía hefyd yn cofio defnyddio'r gair 'agor' pryd bynnag y bydd hi neu Sofía yn agor unrhyw beth yn ystod eu gweithgareddau bob dydd fel bod Sofía yn clywed y gair yn aml.

Unwaith y bydd eich plentyn wedi dechrau defnyddio'r tro penodol yr ydych wedi'i osod fel targed, yna anogwch y plentyn i ddefnyddio'r hyn y mae wedi'i ddysgu. Pan fyddwch chi'n *hollol sicr* y gall y plentyn gymryd y tro penodol hwn mewn ffordd newydd, yna gadewch i'r plentyn wybod eich bod chi nawr yn disgwyl iddi wneud hynny. Os na fydd eich plentyn yn defnyddio gair penodol pan fyddwch chi'n gwybod ei bod yn gallu gwneud hynny, arhoswch ychydig yn hirach gan annog y plentyn drwy edrych ar y plentyn a gwenu mewn ffordd sy'n dweud wrth y plentyn eich bod yn credu y gall wneud hynny. Dywedwch y gair ac arhoswch eto. Pan fydd y plentyn yn cymryd tro ac yn dweud gair, ymatebwch ar unwaith i'r hyn y mae'r plentyn wedi'i ddweud. Os nad ydy'r plentyn yn gwneud neu'n dweud beth roeddech chi'n gobeithio amdano, rhowch gynnig arall arni rywdro eto. Cofiwch y dylai cyfathrebu gyda'ch gilydd fod yn brofiad pleserus bob amser i'r ddau ohonoch.

Rwyt ti eisiau i mi agor y siocled. Agor.

Ago.

Er mwyn helpu Sofía i ddysgu'r gair 'agor', mae ei mam yn dweud y gair mewn brawddeg fer ac yna ar ei ben ei hun. Yna mae Sofía yn dynwared y gair.

Syniadau ar gyfer dewis targedau

Gall y rhestr ganlynol eich helpu pan fyddwch yn dewis targedau cyfathrebu ar gyfer eich plentyn. Wrth ddewis ystumiau neu eiriau i'w helpu i gyfathrebu, ewch ati bob tro i ddewis rhai fydd yn ei gwneud yn haws i'ch plentyn i siarad am yr hyn sy'n bwysig ac yn ystyrlon i'r plentyn.

Ystumiau

Cofiwch ddefnyddio ystumiau ar y cyd â gair, byth ar eu pen eu hun.
Gweithredu: cysgu (llaw o dan y pen); golchi (dwylo/llestri) (rhwbio dwylo yn ei gilydd); cicio (esgus cicio); rhedeg (symud breichiau yn ôl ac ymlaen); curo dwylo (curo dwylo); troi (symud llaw mewn cylch fel pe bai'n dal llwy); chwythu (chwythu trwy eich ceg); bwyta (cau ac agor eich gwefusau'n swnllyd); cusanu (cusanu gyda eich gwefusau).

Disgrifio: mawr (agor eich breichiau led y pen â dweud 'mawr' gan ymestyn y gair); bach (rhoi eich dwylo neu ddau fys at ei gilydd wrth i chi ddweud 'bach' mewn llais bach); gwallgof (gwneud wyneb blin); drewllyd (dal eich trwyn); dolur (dal rhan o'r corff fel pe baech mewn poen); blinedig (dylyfu gên); wedi mynd (breichiau allan i un ochr).

Geiriau eraill: ie (amneidio); na (ysgwyd pen); acw (pwyntio); ta-ta (chwifio llaw)

Geiriau unigol cynnar

Pobl bwysig: babi, enwau teulu a ffrindiau, enw'r plentyn ei hun, Dad, Mam, Nain/Mam-gu, Taid/Dad-cu, enwau anifeiliaid anwes.

Bwyd, diod ac amser bwyd: afal, banana, bara, da-da/fferins/losin, caws, creision, bisged, cracyr, sglodion, ham, tatws, sudd, llaeth, pizza, dŵr.

Rhannau'r Corff: botwm bol, clust, llygad, llaw, ceg, trwyn, bys, traed, bysedd/bodiau traed, bol.

Dillad: bib, esgidiau, cot, clwt/cewyn, het, pyjamas, esgid, hosan.

Pethau yn y cartref: gwely, blanced, potel, cyfrifiadur, cwpan, drws, sbwriel, allweddi/agoriadau, golau, teledu.

Gwrthrychau y tu allan a lleoedd i fynd: blodau, parc, glaw, ysgol, awyr, eira, siop, siglen.

Anifeiliaid: gwenyn, aderyn, pry, cwningen, pili-pala, cath, ci, cath fach, llew, mwnci.

Cerbydau: beic, cwch, bws, car, injan dân, awyren, trên, lori.

Teganau ac arferion chwarae: pêl, blociau, llyfr, swigod, doli, pi-po.

Geiriau gweithredu: curo dwylo, dal, taro, dawnsio, yfed, bwyta, disgyn/cwympo, rhedeg, hedfan, mynd, neidio, cicio, cusanu, agor, arllwys, darllen, canu, eistedd, cysgu, stopio, siglo, taflu, goglais/cosi, golchi/ymolchi.

Geiriau disgrifio: wedi gorffen, wedi mynd, mawr, wedi torri, glân, oer, budr/brwnt, sych, poeth/twym, bach, mwy, braf, i ffwrdd, ymlaen, del/pert, brifo, drewi, gwlyb.

Geiriau sy'n disgrifio amser: bore, nos, nawr, heddiw, yfory, heno.

Geiriau sy'n mynegi teimladau: blin, hapus, gwallgof, trist, ofnus, sâl, blinedig.

Geiriau lleoli: ar, tu ôl, i lawr, yma, i mewn, ymlaen, allan, dros, yno, o dan, i fyny.

Geiriau cymdeithasol: ta-ta, heia, caru ti, nos da, na, iawn, sori, wps, ie.

Cystrawen meddiant: (car) mam, (tedi) fi, (f)y llaw.

Geiriau cwestiwn: beth? ble? pwy?

Cyfuniadau dau air

Er mwyn helpu eich plentyn i ddefnyddio cyfuniadau dau air, gadewch i'ch plentyn glywed y geiriau hynny mewn brawddeg ramadegol gywir bob amser. Gall eich plentyn wedyn ddweud cyfuniad dau air mewn ymateb. Er enghraifft, os dywedwch, 'Mae dad yn mynd i nôl yr allweddi,' efallai y bydd eich plentyn yn dweud, 'Dad allweddi'. Mae brawddegau gramadegol gywir yn helpu plant i ddysgu defnyddio iaith fwy cymhleth. Rhaid cofio mai yn raddol y bydd plentyn yn dechrau defnyddio treigladau a bod hynny'n fwy tebygol o ddigwydd mewn dau air sy'n cael eu cyplysu'n aml e.e. pêl fawr, doli fach

gweithred neu wrthrych + 'Eto': siglen eto, neidio eto, stori eto.
'Mwy' + gweithred neu wrthrych: mwy sudd, mwy pwdin.

'Eisiau' neu 'Angen' + person, gwrthrych neu weithred: eisiau sudd, angen tedi, eisiau i fyny.

'Dim' + gwrthrych, person neu weithred: dim gwely, dim sudd, dim bwyta.

Disgrifio diflaniad: bisged i gyd wedi mynd, dim mwy o sglodion.

Gwrthrych/person + gair disgrifio: pêl fawr, trowsus budr, banana wedi mynd, te poeth.

Gair /cystrawen sy'n mynegi meddiant: llyfr (enw'r plentyn), cadair Mam

Person neu anifail + gweithred: babi crio, Mam swsio, Dad cysgu, cwningen hopian, ci wff wff.

Gair gweithredu + gwrthrych neu berson: taflu pêl, agor drws, chwythu swigen, cusanu babi.

Gwrthrych neu berson + gair lleoli: ar y pen, yn y gwely, o dan fwrdd, ceffyl i mewn.

Gweithredu + gair lleoli: agor yma, mynd allan, llithro i lawr.

Gair cwestiwn + gwrthrych neu berson: ble aderyn? pwy hwnna?

Ymadroddion tri gair

Defnyddiwch frawddegau gramadegol gywir bob amser wrth helpu eich plentyn i ddysgu defnyddio ymadroddion hirach. Mae eich brawddeg ramadegol gywir yn helpu eich plentyn i ddysgu defnyddio iaith fwy cymhleth. Er enghraifft, os dywedwch, 'Mae Pero yn mynd i gael y bêl,' efallai y bydd eich plentyn yn ymateb trwy ddweud, 'Pero cael pêl'.

Person + gweithred + gwrthrych: Mam cusanu arth, Dad taflu pêl, Jamie bwyta teisen.

Ychwanegu geiriau lleoli: ceffyl yn (y) stabl, bwyd ar (y) bwrdd, cuddio dan (y) gwely.

Ychwanegu geiriau sy'n disgrifio: eisiau lori, car mynd gyflym, gwneud llanast mawr.

Gramadeg cynnar

Ychwanegu 'yn' neu 'wedi' o flaen geiriau gweithredu: babi yn cysgu, ceffyl wedi bwyta afal

Ychwanegu terfyniadau lluosog: llyfrau, esgidiau

Ychwanegwch 'y': y bachgen, y llyfr

Ychwanegu 'mae': Mae'r aderyn yna'n fawr. Mae'r te hwn yn boeth.

Treiglo (fel arfer mewn cyfuniadau cyffredin): pêl fawr, doli fach, tedi yn drist.

Chwarae gyda'n gilydd!

Ydy'r crempogau'n barod?

Wrth chwarae gyda'ch plentyn does dim byd pwysicach na chael hwyl. Pan fyddwch chi'n cael hwyl gyda'ch gilydd, rydych chi'n ei helpu i ddatblygu ei sgiliau cyfathrebu. Yn y bennod yma, byddwch chi'n dysgu sut i gynllunio gweithgareddau chwarae sy'n hybu dealltwriaeth eich plentyn o iaith yn ogystal â'i allu i'w fynegi ei hun. Byddwch hefyd yn dysgu sut i gynllunio eich chwarae er mwyn ei helpu i gyrraedd ei dargedau cyfathrebu tra bydd y ddau ohonoch yn cael hwyl.

Grym chwarae

Mae chwarae yn helpu'ch plentyn i ddysgu am y byd. Wrth chwarae gydag oedolion a phlant, mae eich plentyn yn dysgu sut i ymwneud a chael perthynas dda ag eraill. Mae chwarae hefyd yn datblygu sgiliau meddwl eich plentyn a'i allu i ddatrys problemau. Trwy arbrofi gyda theganau, mae'n gwneud darganfyddiadau diddorol, fel pa deganau sy'n arnofio yn y bath a pha rai sy'n suddo. Mae chwarae â deunyddiau fel papur, glud, toes, paent bysedd a thywod yn datblygu sgiliau synhwyraidd eich plentyn, yn ogystal â'i greadigrwydd a'i ddychymyg.

Un o agweddau pwysicaf chwarae yw ei fod yn adeiladu sgiliau cyfathrebu ac iaith eich plentyn. Wrth chwarae, mae eich plentyn yn dysgu am nifer o syniadau pwysig a'r geiriau sy'n cyd-fynd â'r syniadau hynny. Er enghraifft, mae'n darganfod y gall wthio botwm ar degan a bydd yn gwneud sŵn. Mae'n dysgu bod bloc yn rhy fawr i ffitio mewn cwpan fach, hyd yn oed os bydd yn gwthio'n galed. Mae'n arbrofi wrth chwarae â thoes, ei rolio'n belen ac yna gwneud tyllau ynddo. Ac ymhen amser, wrth iddo eich gwylio chi ac eraill, mae'n dechrau chwarae esgus, gan ddal cwpan degan at ei wefusau fel petai'n yfed ohoni. Mae profiadau chwarae yn cynnwys cymaint o iaith gyfoethog fel ei bod yn hawdd gweld bod sgiliau chwarae a chyfathrebu yn datblygu law yn llaw.

Mae grym mewn chwarae hefyd am ei fod yn creu cysylltiad rhyngoch chi a'ch plentyn. Pan fyddwch yn ei ddal ar waelod y llithren, yn chwerthin gyda'r plentyn wrth iddo ddymchwel tŵr o flociau neu'n esgus mai chi yw'r claf pan fydd y plentyn yn chwarae bod yn feddyg, bydd y plentyn eisiau dal ati i chwarae gyda chi. Mae hynny'n rhan bwysig arall o rym chwarae.

Fe welwch chi rym chwarae yn y cysylltiad y mae'n ei greu rhyngoch chi a'ch plentyn.

Tri math o chwarae

Mae yna dri phrif fath o chwarae:

Wrth **chwarae gweithredol** bydd plentyn yn archwilio teganau a phethau eraill mewn ffordd syml ac ailadroddus. Bydd yn eu taro, eu hysgwyd, eu tynnu a'u rhoi yn ei geg. Mae chwarae gweithredol hefyd yn cynnwys chwarae corfforol fel taflu, rhedeg, dringo a neidio. Dros amser, mae natur chwarae gweithredol yn newid, ac mae'r plentyn yn dod i ddefnyddio gwrthrychau yn y ffordd y maen nhw i fod i gael eu defnyddio, fel gwthio ceir ar hyd y llawr neu roi siapiau mewn teclyn didoli siapiau.

Mae **chwarae adeiladol** yn golygu defnyddio gwrthrychau a deunyddiau chwarae eraill i adeiladu neu greu rhywbeth gyda targed mewn golwg. Er enghraifft, gall plentyn adeiladu tŵr o flociau, gwneud castell tywod neu greu dyn eira o does.

Wrth **chwarae esgus**, mae plentyn yn deall y gall y plentyn esgus bod un peth yn rhywbeth arall ac y gall chwarae ag ef fel pe bai'r peth yn wrthrych go iawn.

Mae eich plentyn yn gallu mwynhau un math o chwarae, neu ddau neu bob un. Trowch at y rhestr wirio 'Ym mha Gyfnod Datblygu Chwarae mae Fy Mhlentyn?' ar dudalennau 129 a 130 i weld pa fath o sgiliau chwarae sydd gan eich plentyn.

Chwarae gweithredol

Chwarae adeiladol

Chwarae esgus

Helpu Darganfyddwyr i archwilio a gwneud y cyswllt cyfathrebu

Mae Jac yn cynhyrfu wrth weld y 'pry cop' yn cropian tuag ato.

Chwarae gweithredol sy'n digwydd yn y cyfnod cynnar hwn. Bydd Darganfyddwr yn archwilio teganau a gwrthrychau trwy eu rhoi yn ei geg, eu cyffwrdd, eu gwasgu, eu taro neu eu hysgwyd. Mae hefyd yn mwynhau gwylio pethau sy'n edrych ac yn swnio'n ddiddorol. Gallwch annog y math yma o chwarae archwilio trwy roi teganau i'ch plentyn y gall afael ynddyn nhw, eu rhoi yn ei geg, eu cyffwrdd, eu hysgwyd, eu clecio, eu gwasgu a'u tynnu. Gallwch ddefnyddio: canolfannau gweithgareddau gyda theganau sy'n hongian; anifeiliaid a theganau meddal eraill; ratl, teganau gwichian a theganau eraill sy'n gwneud sŵn; a blociau mawr, meddal.

Y prif darged cyfathrebu ar gyfer Darganfyddwr wrth chwarae yw gwneud y 'cyswllt cyfathrebu,' fel y cafodd ei ddisgrifio ym Mhennod 6 ar dudalennau 100–1. Y ffordd orau o helpu'r plentyn i wneud y cyswllt cyfathrebu yw ymateb ar unwaith i'r ffordd mae'n ymddwyn ac yn ymateb i deganau, fel petai'n dweud rhywbeth wrthych chi mewn gwirionedd. Gwnewch hi'n haws i'r plentyn edrych arnoch chi trwy ei wynebu bob amser. Os bydd yn taro tegan ar hambwrdd ei gadair uchel, dynwaredwch y plentyn gan ddweud, 'Bang, bang, bang!' Yna arhoswch ac edrychwch yn ddisgwylgar ar y plentyn i weld a fydd yn cymryd tro arall. Os byddwch chi'n dangos tegan iddo, daliwch ef yn agos i'ch wyneb fel y gall edrych arnoch chi a'r tegan. Efallai y bydd angen i chi ysgwyd y tegan neu ei symud i fyny ac i lawr i gael eich plentyn i roi sylw iddo. Gallwch hefyd ddefnyddio gweithgaredd chwarae pob dydd i ennyn rhyngweithiad (gweler Pennod 5).

Gwneud targedau cyfathrebu yn rhan o chwarae gyda Chyfathrebwyr, Defnyddwyr Geiriau Cyntaf a Chyfunwyr

Cyn y bydd plentyn yn dweud gair neu ymadrodd, rhaid iddo ddeall ei ystyr yn gyntaf. A pho fwyaf mae plentyn yn deall iaith, mwyaf i gyd o feddyliau a syniadau mae'n gallu eu rhannu gyda chi. Dyna pam mae targedau cyfathrebu ar gyfer chwarae yn cynnwys targedau i wella *dealltwriaeth* eich plentyn o iaith, yn ogystal â'i allu i'w *fynegi* ei hun. Wrth ddewis targedau i adeiladu gallu eich plentyn i'w fynegi ei hun, gallwch naill ai ei helpu i wneud mwy o'r hyn y mae'n ei wneud nawr i gyfathrebu, neu gallwch ei helpu i gymryd cam tuag at y cyfnod cyfathrebu nesaf (gweler tudalen 98 ym Mhennod 6). Gallwch weithio ar dargedau deall a siarad ar yr un pryd, hyd yn oed o fewn yr un gweithgaredd.

Sut i ddewis targedau cyfathrebu wrth chwarae

Os ydych chi'n Gwylio, Disgwyl a Gwrando yn ofalus tra bydd eich plentyn yn chwarae, bydd gennych chi ddigon o syniadau da ynghylch pa dargedau cyfathrebu i'w dewis. Beth mae wrth ei fodd yn ei wneud? Beth sy'n gwneud i'r plentyn chwerthin? Beth yw ei hoff fathau o deganau? Beth mae'n mwynhau cyfathrebu amdano pan fydd yn chwarae â thegan penodol? Ar ôl i chi wneud rhestr yn eich meddwl o'r pethau y mae'n eu mwynhau fwyaf, gwnewch eich targedau cyfathrebu yn rhan o'r gweithgareddau hynny. Er enghraifft, ydy eich plentyn yn hoffi esgus bod ei anifail tegan yn mynd i gysgu? Yna un targed da ar ei gyfer fyddai deall geiriau gweithredu fel gorwedd, deffro a chwyrnu (bydd wrth ei fodd yn eich clywed chi'n esgus chwyrnu). Ymhen amser, efallai bydd yn dysgu dynwarcd a dwcud y geiriau hyn. Cofiwch, y pethau mae eich plentyn wrth ei fodd yn eu gwneud fydd y pethau y bydd eisiau cyfathrebu gyda chi amdanyn nhw.

Helpu eich plentyn i gyrraedd ei dargedau cyfathrebu wrth chwarae

Mae dwy brif ffordd o helpu eich plentyn i gyrraedd ei targedau wrth chwarae. Yn gyntaf, dylech chi ddechrau'r rhyngweithiad trwy ddefnyddio'r tair strategaeth sy wedi eu rhestru isod ac sy'n cael eu disgrifio ar dudalennau 112–13. Yna, os ydych chi'n ei helpu i ddysgu deall neu ddefnyddio ystum, gair neu ymadrodd byr, defnyddiwch y pum strategaeth iaith allweddol sy wedi eu rhestru isod ac sy'n cael eu disgrifio ar dudalen 114.

Dechreuwch y rhyngweithiad
- Ymunwch yn y chwarae
- Crëwch gyfleoedd i'ch plentyn i gymryd tro
- Defnyddiwch weithgareddau chwarae pob dydd i ennyn rhyngweithiad

Defnyddiwch bum strategaeth iaith allweddol i helpu eich plentyn i gyrraedd ei darged
- Defnyddiwch yr ystum, y gair neu'r ymadrodd 3–5 gwaith o leiaf mewn rhyngweithiad
- Ychwanegwch ystum neu gymorth gweledol at y geiriau
- Siaradwch am beth sy'n digwydd y funud honno
- Defnyddiwch frawddegau byr, gramadegol gywir
- Defnyddiwch ystumiau, geiriau neu ymadroddion newydd mewn nifer o wahanol sefyllfaoedd

Dechreuwch y rhyngweithiad

Mae gweithgaredd chwarae llwyddiannus yn dechrau pan fyddwch chi a'ch plentyn yn rhyngweithio ac yn cael hwyl. Unwaith bydd eich plentyn yn cymryd y tro cyntaf a'r ddau ohonoch yn cymryd eich tro bob yn ail, bydd yn barod i ddysgu. Mae tair ffordd effeithiol o wneud yn siŵr eich bod chi a'ch plentyn yn rhyngweithio wrth chwarae, ac mae'r rheini wedi cael eu trafod yn y penodau blaenorol.

Castell wedi torri

Mae dy gastell wedi torri. Cawn ni weld wnaiff fy nghastell i dorri hefyd

Mae mam Gruff yn nôl ei theganau ei hun ac y ymuno ag ef i wneud castell tywod. Maen nhw cael sgwrs hir am gestyll tywod wedi torri, yn ogystal â chael llawer o hwyl.

- **Ymunwch yn y chwarae**

Chwiliwch am ffordd i ymuno yng ngweithgaredd eich plentyn (i ddarllen mwy am y syniad hwn, ewch i dudalennau 35–8). Os nad ydy eich plentyn yn chwarae gyda theganau yn y ffordd rydych chi'n disgwyl, does dim ots. 'Ewch gyda'r llif.' Os yw am roi blociau o dan y lori yn lle yn y lori, neu os yw'n taro'r toes chwarae a'i dynnu yn hytrach na gwneud siapiau, does dim ots. Gadewch iddo archwilio a mwynhau teganau yn ei ffordd ei hun a gweld i ble mae'r chwarae'n eich arwain. Does dim rhaid i'r cyfathrebu rhyngoch chi fod yn ymwneud ag unrhyw beth yn benodol. Yr hyn sy'n bwysig yw eich bod chi'ch dau yn cyfathrebu.

- **Crëwch gyfleoedd i'ch plentyn gymryd tro**

Os na fydd eich plentyn yn eich cynnwys yn ei chwarae hyd yn oed pan fyddwch yn ymuno, bydd yn rhaid i chi ddod o hyd i ffordd arall. Mae'r rhieni isod i gyd yn cymryd rhan yn y chwarae trwy greu cyfleoedd i'w plant gymryd tro yn y rhyngweithiad. Maen nhw'n gwneud hyn trwy wneud yn siŵr bod angen i'w plant gyfathrebu â nhw i gael yr hyn maen nhw eisiau.

Mae tad Robyn yn gwthio'r siglen am gyfnod byr ar y tro, ac mae Robyn yn cael cyfle i ofyn i'w dad ei wthio eto … ac eto.

Mae mam Gwen yn dewis tegan na all Gwen ei ddefnyddio ar ei phen ei hun. Er mwyn cadw'r hwyl i fynd, rhaid i Gwen ofyn i'w mam chwythu swigod.

Pan fydd tad Carwyn yn dal gafael ar y darnau sydd eu hangen ar Carwyn i weithio'r tegan, mae Carwyn yn cymryd tro drwy ofyn am y darnau fesul un.

- **Defnyddiwch weithgareddau chwarae pob dydd i ennyn rhyngweithiad**

Ym mhennod 5 gwelsoch fod gweithgareddau pob dydd, yn enwedig gemau pobl, yn ddelfrydol i annog eich plentyn i gymryd tro a dysgu iaith. Yn awr gallwch greu gweithgaredd newydd gan ddefnyddio tegan sydd o ddiddordeb i'ch plentyn. Yn gyntaf Gwyliwch, Disgwyliwch a Gwrandewch i weld beth mae eich plentyn yn ei fwynhau fwyaf am degan neu gêm benodol. Yna crëwch weithgaredd gan ddefnyddio strategaeth Ennyn Rhyngweithiad (tudalen 75 ym Mhennod 5).

Pan ddaw Robyn o hyd i'r fuwch fach yn ei phoced, mae ei fam yn gwneud sŵn yr anifail, ac mae Robyn wrth ei fodd.

Mae mam Robyn yn gwybod ei fod e'n mwynhau dod o hyd i bethau mae hi wedi'u cuddio yn ei phoced, felly mae'n troi hyn yn weithgaredd pob dydd. Mae hi'n cuddio buwch fach yn ei phoced ac yn aros.

Yn ddiweddarach, pan fydd Robyn yn gyfarwydd â'r gweithgaredd, mae'n cymryd rôl Mam. Mae'n cuddio anifail tegan ac yna'n tynnu sylw ei fam fel bydd hi'n chwilio amdanyn nhw. Pan ddaw hi o hyd i'r anifail, mae hi'n gwneud ei sŵn.

Defnyddiwch bum strategaeth iaith allweddol i helpu eich plentyn i gyrraedd ei darged

Bydd y pum strategaeth iaith ganlynol yn helpu eich plentyn i ddysgu deall neu ddefnyddio ystum, gair neu ymadrodd byr:

- **Defnyddiwch yr ystum ynghyd â'r gair neu'r ymadrodd o leiaf 3–5 gwaith wrth ryngweithio** – defnyddiwch yr ystum ynghyd â'r gair neu'r ymadrodd yr hoffech i'ch plentyn ei ddysgu unwaith neu ddwy yn ystod eich tro ac yna eto yn eich tro nesaf (ar ôl i'ch plentyn ymateb) a'r un ar ôl hynny.
- **Ychwanegwch ystum neu gymorth gweledol at y geiriau** – er enghraifft, pan fyddwch chi'n dweud *mawr*, agorwch eich breichiau yn llydan, neu pan fyddwch chi'n dweud *cic*, gwnewch symudiad cicio. Mae hyn yn helpu eich plentyn i ddeall y gair, yn ogystal â'i ddweud.
- **Siaradwch am beth sy'n digwydd ar y pryd** – siaradwch am bethau wrth iddyn nhw ddigwydd fel ei bod yn hawdd i'ch plentyn gysylltu'r ystum, y gair neu'r ymadrodd â'r hyn sy'n digwydd y funud honno.
- **Defnyddiwch frawddegau byr, gramadegol gywir** – pan fyddwch chi'n defnyddio brawddegau felly gyda'ch plentyn a phan fyddwch chi'n ailadrodd geiriau mewn brawddegau gwahanol, mae'n ei helpu i ddysgu geiriau newydd a chyfuniadau o eiriau. Er enghraifft, pan fyddwch chi'n chwarae pêl, os dywedwch, 'Beth am i ni daflu'r bêl!' ac 'Mae Dad yn mynd i daflu'r bêl,' a 'Beth am i ni daflu'r bêl i'r bwced!' efallai bydd eich plentyn yn dweud, 'taflu' neu 'bêl' neu hyd yn oed 'taflu bêl,' sy'n golygu 'taflu'r bêl.' (Bydd eich plentyn yn defnyddio ffurf dreigledig gair os yw'n clywed y ffurf yna amlaf. Yn nes ymlaen y daw i ddeall y system dreiglo). Mae hyn i gyd yn ei helpu i ddysgu siarad mewn brawddegau hirach.
- **Defnyddiwch ystum, gair neu ymadrodd newydd mewn nifer o sefyllfaoedd gwahanol** – er enghraifft, os ydych chi'n helpu eich plentyn i ddysgu deall neu ddweud y gair 'gwthio' pan fydd yn gwthio ei gar tegan, gwnewch yn siŵr eich bod chi'n gwthio cerbyd tegan arall hefyd. A defnyddiwch y gair mewn sefyllfaoedd ar wahân i chwarae. Dywedwch 'gwthio' pan fyddwch chi'n gwthio'r drws ar agor neu'n gwthio troli yn yr archfarchnad.

Gosod targedau cyfathrebu ar gyfer chwarae gweithredol

Mae chwarae gweithredol yn cynnwys gwahanol fathau o symudiadau ailadroddus fel taro neu ysgwyd tegan, yn ogystal â llenwi cynhwysydd a'i wagio. Mae achos-ac-effaith yn rhan bwysig iawn o chwarae gweithredol. Er enghraifft, pan fydd eich plentyn yn diffodd y golau neu'n troi cerddoriaeth ymlaen a'i roi i ffwrdd i weld beth sy'n digwydd, mae'n chwarae gweithredol. Mae plant yn y cyfnod chwarae gweithredol yn gweld effaith yr hyn maen nhw'n ei wneud ar dywod, dŵr a thoes chwarae. Maen nhw'n mwynhau'r teimlad o wneud llanast â mwd, sblasio mewn dŵr a phrocio a thynnu toes chwarae ac maen nhw'n hoffi gweld effaith hynny ar y deunyddiau hyn. Yn ystod y cyfnod chwarae gweithredol, mae plant hefyd yn dechrau defnyddio gwrthrychau mewn ffyrdd priodol. Er enghraifft, byddan nhw'n gwthio car tegan yn ôl ac ymlaen. Mae rhedeg, neidio, dringo a gemau pêl hefyd yn perthyn i'r categori chwarae gweithredol.

Nodyn ynghylch defnyddio'r siartiau targedau yn y bennod hon

Wrth i chi ddarllen y siartiau targedau yn y bennod hon, cofiwch mai awgrymiadau yn unig yw'r targedau ar y rhestr. I ddechrau, dewiswch un gweithgaredd a dewiswch *un* neu *ddau* darged ar y mwyaf o'r golofn sy'n cyfateb i gyfnod deall a siarad eich plentyn. Efallai y byddwch am ddechrau gydag un targed ar gyfer deall ac un ar gyfer siarad. (Gellir addasu pob targed i'w ddefnyddio gydag arwyddion a lluniau.) Gwnewch yn siŵr eich bod yn gwneud y gweithgaredd hwn yn aml er mwyn ei gwneud yn haws i'ch plentyn ddysgu'r gair neu'r syniad newydd. Hefyd, ceisiwch ddewis rhai targedau y gallwch eu defnyddio mewn gweithgareddau eraill hefyd. Er enghraifft, gall y gair 'mynd' fod yn darged ar gyfer pan fyddwch chi'n gwthio'ch plentyn ar y siglen, pan fydd y ddau ohonoch yn chwarae gyda cheir a phan fyddwch chi'n rhedeg ar ôl eich gilydd y tu allan. Os nad yw'r targedau ar y rhestr yn cynnwys geiriau sy'n disgrifio'r pethau y mae'ch plentyn yn mwynhau eu gwneud, dewiswch eiriau mwy addas.

Chwarae Gweithredol 1: Chwarae yn yr awyr agored

Mae 'chwarae yn yr awyr agored' yn golygu rhedeg, neidio, cuddio, rhedeg ar ôl rhywun a mathau eraill o chwarae egnïol. Pan fyddwch chi a'ch plentyn yn chwarae yn yr awyr agored, dilynwch ei arweiniad. Os yw wrth ei fodd yn rhedeg, hopian a neidio, ymunwch a gwnewch hynny gyda'r plentyn. Meddyliwch pa darged fyddai'n cyd-fynd â'r gweithgaredd hwnnw a defnyddiwch yr ystumiau neu'r geiriau yn aml. Os ydych chi'n ei helpu i ddysgu dweud geiriau gweithredu, er enghraifft, gallwch redeg ar ôl eich gilydd, hopian at y ffens gyda'ch gilydd neu neidio dros gerrig neu ffyn. Os ydych chi'n ei helpu i ddysgu deall geiriau disgrifio (ewch i dudalen 89), rhowch ddewis iddo o neidio'n uchel neu'n isel neu redeg yn gyflym neu'n araf, a dangoswch iddo beth mae pob gair yn ei olygu. Wrth helpu eich plentyn i ddysgu defnyddio ystum neu ddweud gair neu ymadrodd, arhoswch bob amser ar ôl i chi gymryd eich tro (gan ddefnyddio'r ystum, y gair neu'r ymadrodd) i roi cyfle iddo ei ddefnyddio. Os yw'n cyrraedd ei darged ac yn dweud y gair, er enghraifft, dechreuwch y gêm ar unwaith! Os na, ailadroddwch yr ystum, y gair neu'r ymadrodd ac yna ewch ymlaen â'r gêm.

Targedau ar gyfer chwarae awyr agored gyda Chyfathrebwyr	Targedau ar gyfer chwarae awyr agored gyda Defnyddwyr Geiriau Cyntaf	Targedau ar gyfer chwarae awyr agored gyda Chyfunwyr
DEALL:	DEALL:	DEALL:
• rhedeg, neidio, hopian	• *rhedeg, rhedeg yn <u>gyflym</u>, rhedeg yn <u>araf</u>, neidio'n uchel, neidio'n <u>isel</u>, hopian*	• *Mae Dad yn rhedeg, Mae Dad yn neidio, Mae Dad yn hopian, Rwyt ti'n rhedeg, Rwyt ti'n neidio, Rwyt ti'n neidio dros ffon*
MYNEGIANT:	MYNEGIANT:	MYNEGIANT:
• Gwneud sioe o redeg, neidio neu hopian i ddweud wrthych beth i'w wneud. • Dynwared un o'r geiriau yn y rhestr Deall uchod, pan fydd yn gwybod beth yw ystyr y gair.	• *rhedeg, neidio, hopian, i fyny, i lawr* (bryn), *ymlaen, ar, oddi ar* (gris isel)	• *Dad rhedeg, Dad neidio, Dad hopian, Fi rhedeg, Fi neidio, Fi hopian, Neidio dros* (ffon), *Fi neidio dros ffon*

Cyfathrebwr yw Aled. Ei darged cyfathrebu yw deall y gair 'neidio'. Mae ei fam yn ailadrodd y gair bob tro maen nhw'n neidio gyda'i gilydd ac erbyn hyn mae'n deall y gair.

Defnyddiwr Geiriau Cyntaf yw Bethan a'i tharged cyfathrebu yw dweud y gair 'uchel'. Mae hi a'i thad wedi bod yn neidio'n 'isel' ac yn 'uchel', ac mae ei thad wedi defnyddio'r geiriau hynny bob tro maen nhw'n neidio gyda'i gilydd. Mae hi nawr yn gallu dweud wrth Dad ei bod hi eisiau iddo neidio'n 'uchel'.

Cyfunwr yw Tarik, a'r targed ar ei gyfer yw defnyddio 'neidio' mewn ymadrodd dau air. Felly mae ei dad yn defnyddio 'neidio' mewn brawddeg fer.

Mae Tarik eisiau i Dad neidio oddi ar y grisiau. Mae Dad yn aros am eiliad heb neidio, ac mae Tarik yn dweud, 'Dad neidio!'

Chwarae Gweithredol 2: Chwarae â dŵr

Mae plentyn yn gallu chwarae â dŵr yn y bath neu mewn pwll padlo yn yr awyr agored gydag amrywiaeth o deganau. Gall y rhain fod yn gynwysyddion o wahanol siâp a maint; cynwysyddion gyda thyllau sy'n gadael i'r dŵr chwistrellu allan; peli a doliau, anifeiliaid a chychod bach sy'n arnofio; a gwrthrychau sy'n suddo.

Defnyddiwch y pethau mae eich plentyn wrth ei fodd yn eu gwneud wrth chwarae â dŵr i'ch helpu i ddewis targedau cyfathrebu. Ydy'n hoffi arllwys dŵr o gynhwysydd? Os felly, yn dibynnu ar ei gyfnod cyfathrebu, gallai deall, dynwared neu ddweud y gair 'arllwys' fod yn darged. Os yw'n hoffi ychwanegu sebon hylif at ddŵr a'i ysgwyd i wneud swigod, meddyliwch sut y gall y gweithgaredd yma eich helpu i greu targed. Ydych chi eisiau iddo ddeall rhai geiriau sy'n gysylltiedig â'r gweithgaredd, fel *chwythu* (y sebon oddi ar eich llaw), *troi* (y dŵr fel bod swigod yn ffurfio) neu *sblasio* (y dŵr fel bod y swigod yn hedfan)? Ai defnyddio ystum ar gyfer *chwythu* a *sblasio* fyddai'r targed? Neu ddynwared neu ddweud y geiriau? Neu eu gosod mewn ymadrodd dau air? Gwnewch yn siŵr bod eich targed yn addas i gyfnod cyfathrebu eich plentyn.

Cofiwch, siaradwch mewn brawddegau byr, gramadegol gywir pan fyddwch yn helpu eich plentyn i ddysgu deall neu ddweud geiriau.

Targedau ar gyfer chwarae dŵr gyda Chyfathrebwyr	Targedau ar gyfer chwarae dŵr gyda Defnyddwyr Geiriau Cyntaf	Targedau ar gyfer chwarae dŵr gyda Chyfunwyr
DEALL:	DEALL:	DEALL:
• *arllwys, dŵr, gwlyb, sebon, cwch, golchi/ymolchi, swigod, mynd, i mewn, allan/mâs, sblasio*	• *o dan* (y dŵr), *cwympo i mewn, disgyn/cwympo oddi ar, llenwi, llawn, gwlyb, sych, sblasio, swigod, cwpan, troi*	• *arnofio, ddim yn arnofio,* • *suddo* (pan nad yw gwrthrych yn arnofio*), trwm, llawn, gwag, gwlyb, sych*
MYNEGIANT:	MYNEGIANT:	MYNEGIANT:
• Dynwared neu ddefnyddio ystumiau ar gyfer *sblasio, mynd, troi, chwythu.* • Dynwared un o'r geiriau canlynol, pan fydd y plentyn yn gwybod ei ystyr: *wps, swigen, wedi mynd, gwlyb, sblasio* (efallai bydd gair y plentyn yn swnio fel 'pasio')	• *mewn, ar, arllwys, cwch, dŵr, sblasio, swigod, cwpan, troi, gwlyb, sych, disgyn/cwympo, llawn*	• *syrthio i mewn, disgyn oddi ar, yn y dŵr, ar wyneb y dŵr, llenwi* (enw'r cynhwysydd), *trwm, suddo*

Chwarae Gweithredol 3: Gemau gyda pheli

Mae'r rhan fwyaf o blant wrth eu bodd yn chwarae gyda pheli. Gallwch rowlio neu daflu peli mawr, meddal yn ofalus at eich plentyn. Gallwch hefyd gymryd eich tro i daflu peli i mewn i gynhwysydd. Defnyddiwch fasged neu focs mawr ac ewch ati bob yn ail i daflu peli, sachau ffa neu flociau i mewn iddo. Mae yna lawer o dargedau cyfathrebu difyr gallech chi weithio arnyn nhw wrth chwarae â pheli.

Targedau ar gyfer chwarae pêl gyda Chyfathrebwyr	Targedau ar gyfer chwarae pêl gyda Defnyddwyr Geiriau Cyntaf	Targedau ar gyfer chwarae pêl gyda Chyfunwyr
DEALL:	DEALL:	DEALL:
• *pêl, taflu, dal, colli, bownsio, uchel, cicio, rowlio*	• *taflu, cicio, rowlio, bownsio, dal, mawr, bach, i mewn, allan, wedi methu,* enwau ar gyfer gwahanol gynwysyddion (*basged, bocs,* ac ati), *Cer yn agosach*	• *cicio, rowlio, bownsio, dal, mawr, bach, wedi methu, uchel, isel, cyflym, araf, pell, agos, caletach, meddalach*
MYNEGIANT:	MYNEGIANT:	MYNEGIANT:
• *Hwrê!* ynghyd â churo'r dwylo (pan fydd y plentyn yn cael y bêl i mewn i'r fasged), *wps* (pan fydd y plentyn neu chi'n methu), *cer/dos!* • Ystumiau *taflu, cicio, rowlio* ac ati.	• *taflu, cicio, barod, dal, Dos/Cer!, i mewn, wedi methu*	• *Pêl i mewn, bag* (yn golygu bag ffa) *i mewn, wedi methu, Mam wedi methu, dyma fe'n dod, cer yn agosach, rowlio pêl, rhy bell, rhy galed* (pan fydd y plentyn yn methu)

Cyfathrebwr: Targed tad Megan ar ei chyfer yw deall y gair 'taflu' …

… ac i ddeall bod 'Hwrê!' yn air sy'n dathlu llwyddiant. Bydd ei thad yn dweud 'Hwrê!' mewn llawer o sefyllfaoedd eraill hefyd, i helpu Megan i ddeall nad gair i'w ddefnyddio yn y gêm bagiau ffa yn unig mohono.

Defnyddiwr Geiriau Cyntaf: Targed Sofía yw deall y gair 'taflu' a …

… deall y gair 'methu'. Unwaith y bydd hi'n deall y geiriau hyn yn iawn, bydd ei thad yn newid y targed i annog Sofia i geisio eu dynwared.

Cyfunwr: Mae Alys a'i mam wedi bod yn chwarae'r gêm hon ers tro bellach ac mae hi'n gallu dynwared 'Bag mewn' oherwydd ei bod hi wedi clywed ei mam yn ei ddweud gymaint o weithiau.

Mae Alys wedi dynwared y geiriau mor aml fel ei bod yn barod i'w dweud yn annibynnol.

Chwarae Gweithredol 4: Ceir a lorïau

Wrth chwarae gweithredol, bydd eich plentyn yn 'gyrru' ceir, lorïau, trenau ac awyrennau. Gwyliwch yn ofalus i weld beth mae'n hoffi ei wneud gyda nhw er mwyn i chi allu dewis targed cyfathrebu. Gallwch wneud chwarae gyda cheir a lorïau yn fwy diddorol trwy greu llwybrau, defnyddio llyfrau neu ddarnau o gardbord cryf i wneud ramp, neu droi tiwbiau cardbord yn dwnelau. Efallai y bydd angen i chi ddangos i'ch plentyn sut mae gyrru car i fyny ramp neu drwy dwnnel a gadael i'r plentyn redeg i lawr ar ei ben ei hun. Gallwch hefyd rasio dau gar yn erbyn ei gilydd.

Targedau ar gyfer Chwarae Gweithredol gyda cheir: Cyfathrebwyr	Targedau ar gyfer Chwarae Gweithredol gyda cheir: Defnyddwyr Geiriau Cyntaf	Targedau ar gyfer Chwarae Gweithredol gyda Cheir: Cyfunwyr
DEALL:	DEALL:	DEALL:
• *gyrru, i fyny* (y ramp), *i lawr* (y ramp), *stopio* (pan fyddwch yn codi'r arwydd), *crash!, mynd, mawr, bach, cyflym,* enwau cerbydau *(tractor, car, injan dân* ac ati)	• *cyflym, araf, stopio, mynd, <u>fyny'r</u> allt* (wrth yrru i fyny'r ramp), <u>*lawr*</u> *y bryn, damwain, i mewn, allan, torri, car, injan dân* • Cwestiynau **Ble?** fel '*Ble mae'r car?*'	Nodyn: Bydd chwarae gweithredol yn aml yn cynnwys rhywfaint o chwarae esgus yn y cyfnod hwn. • **Beth fydd yn digwydd:** *Mae'r car yn mynd i grashio.* • **Eglurwch:** *Dyw'r car ddim yn mynd am ei fod o wedi torri* (neu *… am fod angen petrol* neu *… am fod ganddo deiar fflat*). • **Cwestiynau cynnar:** *Beth ddigwyddodd?* (damwain car), *Pwy sy yn y car?* (dyn, Mam ac ati).
MYNEGIANT:	MYNEGIANT:	MYNEGIANT:
• Efelychwch un o'r geiriau neu'r synau canlynol, pan fydd y plentyn yn gwybod gwybod beth mae'n ei olygu: *brmm* (sŵn car), *bŵm* neu *crash* (pan fo ceir yn taro'i gilydd), '*wîii!*' (pan fydd ceir yn mynd yn gyflym i lawr ramp), Wps, Mynd!	• Unrhyw un o'r geiriau uchod y mae'r plentyn wedi dod i'w deall. • Enwau cerbydau, *cyflym, araf, stopio, mynd, wedi torri*	• Unrhyw un o'r geiriau neu'r brawddegau uchod y mae'r plentyn wedi dysgu eu deall. • *Car wedi torri, Car wedi'i drwsio, Car angen petrol, Car yn mynd i* (lle)

Gosod targedau cyfathrebu ar gyfer chwarae adeiladol

Pan fydd plant yn mynd ati i chwarae adeiladu, maen nhw'n gwneud hynny er mwyn creu rhywbeth gyda chynllun mewn golwg. Maen nhw'n codi tyrau o flociau neu adeiladwaith Lego®, neu maen nhw'n creu pethau dychmygus trwy gludo deunyddiau fel rholiau papur toiled neu ddarnau o gardbord at ei gilydd. O archwilio ac arbrofi yn ystod chwarae adeiladol, mae plant yn dysgu datrys problemau a bod yn greadigol. Maen nhw'n dysgu ym mhob cam: cynllunio'r gwaith, dod i ddeall sut i ffitio'r darnau at ei gilydd a gwneud yn siŵr nad yw'r adeiladwaith yn torri nac yn chwalu. Wrth greu pethau, maen nhw'n dysgu am faint, hyd, siapiau, patrymau, pwysau – yr holl syniadau byddan nhw'n eu defnyddio ar ôl dechrau yn yr ysgol.

Mae chwarae adeiladol yn dechrau pan fydd plant wedi datblygu'r gallu i ddeall a defnyddio geiriau (neu arwyddion) ac mae'n parhau am flynyddoedd lawer. Mae'n bwysig gadael i'ch plentyn geisio adeiladu pethau ar ei ben ei hun. Os oes angen help arno, dangoswch iddo sut i'w wneud unwaith neu ddwy yn unig ac yna gadewch iddo ei wneud ei hun. Bydd yn dysgu mwy trwy ddatrys problemau ar ei ben ei hun na thrwy eich gwylio chi'n gwneud hynny drosto.

Chwarae Adeiladol 1: Codi tyrau ac adeiladau eraill

Bydd twr cyntaf eich plentyn yn fach ac yn simsan oherwydd ei fod yn dal i ddysgu sut i osod y naill floc ar ben y llall. Wrth i'w sgiliau corfforol wella, efallai y bydd yn dechrau adeiladu pethau mwy cymhleth a diddorol. Bydd eich iaith yn newid wrth i'r adeiladu fynd yn fwy cymhleth. Gwyliwch beth mae'n ei wneud gyda blociau. Efallai y bydd yn adeiladu twr bach ac yn ei ddymchwel. Neu efallai y bydd yn codi adeilad isel, llydan ac yn rhoi teganau bach y tu mewn iddo. Dewiswch dargedau sy'n cyd-fynd â'r hyn y mae'n ei wneud.

Cyfathrebwr: Y targed ar gyfer Jamie yw dynwared 'Wps!!' pan fydd y twr yn disgyn. Mae Jamie wedi clywed ei fam yn dweud 'Wps!' bob tro y mae wedi disgyn o'r blaen. Nawr mae'n gallu dynwared y gair.

Defnyddiwr Geiriau Cyntaf: Targed cyfathrebu Bryn yw dweud 'lawr' pan fydd y twr yn disgyn. Mae Mam wedi dweud y gair 'lawr' bob tro mae'n disgyn, ond y tro hwn mae hi'n aros iddo fe ddweud rhywbeth. Yna mae Bryn yn dweud 'lawr' ar ei ben ei hun.

Targedau ar gyfer Adeiladu Tyrau (ac yn y blaen) gyda Chyfathrebwyr	Targedau ar gyfer Adeiladu Tyrau (ac yn y blaen) gyda Defnyddwyr Geiriau Cyntaf	Targedau ar gyfer Adeiladu Tyrau (ac yn y blaen) gyda Chyfunwyr
DEALL:	DEALL:	DEALL:
• *waw, wps, o na, bŵm, ar, mwy, disgyn, bloc, lawr*	• *ar ben, tal, uchel, mwy o flociau, mawr, bach, tŵr,* enwau pethau y gallwch chi eu hadeiladu gyda blociau (*trên, ffens, pont*)	• *hirach, byrrach, mwy, talach*
MYNEGIANT:	MYNEGIANT:	MYNEGIANT:
• Dynwared un o'r geiriau hwyliog canlynol, pan fydd y plentyn yn gwybod ei ystyr: *waw, wps, o na, bŵm.* • ystumiau ar gyfer *mawr, bach*	• *ar, disgyn, i lawr, mwy, uwch, tro fi, eto*	• *mwy o flociau, mawr iawn* (*neu uchel iawn*), *hir iawn, un fi, fe wnes i* (enw'r peth perthnasol)

Cyfunwr: Targed cyfathrebu Gruff yw deall y syniad bod un peth yn uwch nag un arall. Felly ar ôl clywed y gair a gweld Mam yn pwyntio at y tŵr uchaf dro ar ôl tro, gall bwyntio nawr at yr un iawn.

Chwarae Adeiladol 2: Chwarae gyda thoes chwarae

Mae plant wrth eu bodd â thoes chwarae. Mae'n teimlo'n braf ac yn feddal a gellir ei droi'n gymaint o wahanol bethau. Er mwyn annog eich plentyn i fod yn greadigol, ceisiwch osgoi dangos i'r plentyn sut i wneud siâp neu eitem penodol ar y dechrau. Yn lle hynny, rhowch offer iddo fel rholbren, cyllell blastig, cerrig mawr, gwelltyn papur neu hyd yn oed pobl tegan. Wrth chwarae â thoes chwarae, gall plant symud o chwarae adeiladol (e.e., rowlio a thorri'r toes) i chwarae esgus (e.e., esgus bwyta'r 'bisged') os ydyn nhw yn y cyfnod chwarae esgus.

Pan fydd eich plentyn yn chwarae â thoes, mae'n bwysig iawn rhoi amser i'r plentyn i archwilio ac arbrofi. Peidiwch â dweud dim, dim ond gadael i'r plentyn wneud. Cofiwch Wylio, Disgwyl a Gwrando i ddysgu yn union beth mae'n ei wneud. Ydy e'n ei brocio, yn ei deimlo, yn ei rowlio, yn creu rhywbeth? Unwaith y byddwch chi wedi dysgu beth yw ei ddiddordeb, dewiswch eich targedau cyfathrebu.

Targedau ar gyfer Chwarae Toes gyda Chyfathrebwyr	Targedau ar gyfer Chwarae Toes gyda Defnyddwyr Geiriau Cyntaf	Targedau ar gyfer chwarae toes gyda Chyfunwyr
DEALL:	DEALL:	DEALL:
• *meddal, rowlio, patio, torri, tynnu, procio, crwn*	• *rowlio, patio, torri, gwasgu, neidr, peli, bisgedi, fflat, procio, twll,* enwau offer *(cyllell, rholbren), wedi mynd (wrth rowlio dros rywbeth a'i wasgu'n fflat)*	• **Cymharu pethau:** *hir … hirach, mawr … mwy, bach … llai, tew … tewach, tenau … teneuach* • *Beth wyt ti wedi ei wneud? Beth wyt ti'n ei wneud? Ble mae'r (enw'r offer)?*
MYNEGIANT:	MYNEGIANT:	MYNEGIANT:
• Defnyddio ystum neu sŵn i dynnu eich sylw er mwyn dangos rhywbeth i chi. • Ystumiau ar gyfer *rowlio, torri, tynnu* • Dynwared un o'r geiriau canlynol, pan fydd yn gwybod ei ystyr: *waw, wps, fi biau, mwy, patio, torri, tynnu*	• *rowlio, patio, gwasgu, fflat, cyllell, rholbren,* enwau ar gyfer y pethau y mae'n eu gwneud *(pêl, neidr, mwydyn/ pry genwair, pizza, bisged ac ati)*	• Fi + gair gweithredu *(torri, gwasgu)* • Fi wedi gwneud *(pêl, neidr, pry genwair)* • **Cymharu pethau:** *Un fi yn hirach, Un ti yn llai*

Gosod targedau cyfathrebu ar gyfer chwarae esgus

Mae plant yn dechrau esgus pan fyddan nhw'n darganfod fod un peth yn gallu esgus bod yn rhywbeth arall. Yn union fel mae plentyn yn dysgu bod gair yn gallu golygu y peth go iawn, mae'n dysgu y gall tegan hefyd gynrychioli'r peth go iawn. Er enghraifft, mae'r gair 'car' a'i gar bach tegan yn sefyll am gar go iawn. Gallwch weld pam mae datblygiad chwarae esgus cynnar ac iaith yn gysylltiedig.

Ar y dechrau, mae eich plentyn yn esgus trwy ddynwared yr hyn y mae'n eich gweld chi'n ei wneud mewn bywyd go iawn. Mae'n esgus yfed o gwpan wag neu siarad ar ffôn tegan. Efallai y bydd hyd yn oed yn rhoi rhywbeth i'w yfed i chi neu i anifail tegan, gan godi cwpan wag at eich ceg. Mae'n gwybod nad oes hylif yn y gwpan, ac eto mae'n esgus yfed neu roi diod i chi, gan ddangos ei fod yn gwybod nad yw hyn yn 'go iawn.' Mae hyn yn dynodi dechrau chwarae esgus, sydd fel arfer yn dechrau yn ystod y cyfnod Defnyddiwr Geiriau Cyntaf. Weithiau bydd Cyfathrebwyr sydd â dealltwriaeth uwch o iaith yn chwarae esgus hefyd. Mae chwarae esgus yn datblygu llawer yn ystod y cyfnod Cyfunwr, a'ch plentyn yn gallu treulio oriau lawer yn chwarae tŷ, siop neu feddyg, yn esgus gwneud pethau y mae'n gyfarwydd â nhw ac wedi'u profi. Mae'r math hwn o chwarae esgus yn helpu i wella sgiliau iaith eich plentyn oherwydd, wrth iddo chwarae, mae'n disgrifio beth sy'n digwydd neu'n mynd i ddigwydd, pam mae'n mynd i ddigwydd a sut mae'r 'bobl' neu'r 'anifeiliaid' yn teimlo. Mae hyn yn gwella ei allu i'w fynegi ei hun.

Wrth i'ch plentyn ddod yn fwy profiadol wrth chwarae esgus, mae'n dechrau esgus gyda gwrthrychau nad ydyn nhw'n edrych yn union fel y peth go iawn. Er enghraifft, gall ddefnyddio brigyn bach fel beiro neu bêl fel oren. Yn ddiweddarach, bydd yn gallu defnyddio gwrthrychau sy'n edrych yn ddim byd tebyg i'r gwrthrych go iawn. Mae'n eu trawsnewid i'r hyn y mae am iddyn nhw fod naill ai trwy ddweud wrthych ('Dyma fy ffôn') neu'n syml trwy eu defnyddio mewn ffyrdd newydd (gan ddefnyddio bloc fel pe bai'n ffôn). Yn y pen draw, fydd dim angen pethau go iawn arno i chwarae esgus. Er enghraifft, gall esgus bwyta hufen iâ heb fod unrhyw beth yn ei law.

Edrychwch ar y rhestr wirio ar dudalen 130 i weld sut mae eich plentyn yn chwarae esgus. Pan fyddwch chi'n dewis targedau iddo, dyma'r mathau o weithgareddau chwarae esgus i'w defnyddio. Fel y gwelwch, mae'r siartiau targedau ar gyfer chwarae esgus yn rhoi syniadau ychwanegol i chi i wneud chwarae esgus hyd yn oed yn fwy o hwyl.

Chwarae Esgus 1: Coginio a chwarae yn y gegin

Oherwydd eu bod yn eich gweld yn gweithio yn y gegin, mae plant yn mwynhau esgus coginio a gweini prydau bwyd. Os ydy eich plentyn newydd ddechrau chwarae esgus, efallai mai am gyfnodau byr y bydd yn gwneud hynny. Yn nes ymlaen, gall chwarae esgus gynnwys cyfres o ddigwyddiadau, fel paratoi bwyd, yna ei goginio neu ei bobi, ac yna ei weini a'i fwyta. Os ydych chi gyda'r plentyn, bydd yn eich bwydo, ac os gwnewch chi ymuno yn y chwarae, cewch weld cymaint mwy bydd yn mwynhau!

Gwyliwch eich plentyn yn gyntaf i weld sut mae'n bwriadu chwarae esgus. Yna ymunwch, ond gadewch iddo arwain y chwarae. Gallwch chi adeiladu ei ddealltwriaeth o iaith a'r byd trwy ychwanegu rhai syniadau newydd i'r gêm. Unwaith y byddwch chi wedi ychwanegu rhywbeth newydd, gwnewch yn siŵr eich bod chi'n Gwylio, Disgwyl a Gwrando i weld beth mae'n ei wneud cyn i chi barhau.

Defnyddiwr Geiriau Cyntaf yw Siôn ac mae'n gwneud cawl i'w fam. Targed ei fam ar gyfer Siôn yw ei helpu i ddweud y geiriau 'llwy' a 'cyllell' a deall y gair gweithredu 'troi.'

Mae Mam yn ychwanegu at y chwarae trwy siarad ar ran Tedi, sydd wedi ymuno â nhw i gael cawl. Mae Siôn yn meddwl bod hyn yn wych ac mae'n parhau â'r gêm.

Targedau Cyfathrebu ar gyfer Chwarae Cegin gyda Defnyddwyr Geiriau Cyntaf	Targedau Cyfathrebu ar gyfer Chwarae Cegin gyda Chyfunwyr	Syniadau ychwanegol ar gyfer chwarae cegin**
DEALL:*	DEALL:*	
• *poeth, agor, cau* (popty, oergell a chynhwysydd), *torri, troi* (te, cawl), *popty i ffwrdd* (diffodd y popty pan fydd y bwyd yn barod), *arllwys, cymysgu*, enwau cynhwysion ac offer: *blawd, halen , wyau, llwy, fforc*	• Cyflwyno cyfres o ddigwyddiadau – er enghraifft, golchi a thorri llysiau, eu rhoi yn y sosban, esgus ychwanegu dŵr, eu troi, eu gorchuddio, eu troi eto, gweini cawl i deganau ac i bobl, chwythu arno, dweud pa mor flasus ydy'r bwyd. (Gwnewch yn siŵr mai eich plentyn sy'n gwneud hyn, nid dim ond eich gwylio chi'n ei wneud!) • Gwneud te – esgus llenwi tegell, ei droi ymlaen, rhoi bag te yn y cwpan, aros ychydig eiliadau, dweud, 'mae'r dŵr yn berwi,' diffodd y tegell, arllwys y dŵr i'r gwpan, gofyn, 'Ga i siwgr?' neu 'Ga i laeth?' Rhagor o eiriau: *troi, chwythu, rhy boeth, yfed*. Siarad am y gorffennol – pryd cafodd eich plentyn de o'r blaen.	• Rhowch degan (er enghraifft, tedi bêr) ychydig bellter i ffwrdd o ble mae'r ddau ohonoch yn chwarae. Ffoniwch y tedi a'i wahodd i ginio. Yna 'cerddwch' tedi i'r gegin a dywedwch wrth eich plentyn, 'Mae Tedi eisiau cawl hefyd '. Cynnwys Tedi yn y cinio. • Siaradwch â Tedi. Gofynnwch, 'Tedi, wyt ti'n hoffi cawl?' Esgus bod yn Tedi a dweud, (mewn llais gwahanol) 'Dwi'n hoffi cawl. Dwi eisiau cawl poeth.' Gadewch i Tedi 'siarad' â'ch plentyn. Er enghraifft, yn eich llais Tedi dywedwch, 'Jamie, rwyt ti'n gwneud cawl da.' Ychwanegwch, 'Dwi angen halen' a gweld a fydd eich plentyn yn ymateb.
MYNEGIANT:	MYNEGIANT:	
• *cymysgu, troi, poeth, chwythu*, enwau bwydydd (*cawl, wyau, crempogau, bisgedi*), enwau offer (*llwy, padell ffrio, sosban, cyllell*)	• *te poeth, stôf boeth, cawl poeth, rhy boeth, ddim yn boeth, cawl* (neu *de*) *i gyd wedi mynd, dim mwy o de, mwy o siwgr, dim mwy o gawl, bisged flasus, cawl blasus, yfed te, bwyta wy, bisgedi* (neu *gyw iâr*) *yn* (*y popty*) • *Wyt ti eisiau _____? Mae'n boeth* (neu *oer, blasus, melys, sur*, ac ati), *Mae angen mwy o _____* • Enwau bwydydd: *cawl llysiau, macaroni a chaws, salad Cesar, sushi*, ac ati.	• Esgus bod y ffôn yn canu. Dywedwch, 'Helo' ac yna 'Taid sy 'na. Mae Taid yn dweud, 'Beth sydd i swper?' Rhowch y ffôn i'ch plentyn i weld a fydd yn esgus siarad â Taid. Os nad yw'n gwybod beth i'w wneud, neu os yw'n ymddangos felly, siaradwch chi, gan ddangos iddo sut i esgus siarad â rhywun ar y ffôn am beth sydd i swper. • Pan fyddwch wedi gorffen eich cawl, awgrymwch eich bod chi a'ch plentyn yn golchi'r llestri neu eu rhoi yn y peiriant golchi llestri (defnyddiwch focs gyda stribedi tenau wedi'u torri allan fel bod platiau bach yn ffitio).
* Gall y targedau hyn fod yn addas i Gyfathrebwyr sydd â dealltwriaeth fwy datblygedig o iaith.		*** Efallai na fydd eich plentyn yn deall yr holl syniadau hyn, ond os yw'n edrych fel pe bai ganddo ddiddordeb, daliwch ati. Ymhen amser, bydd yn eu deall ac yn dechrau chwarae esgus gyda chi. Symleiddiwch y syniadau hyn ar gyfer Defnyddwyr Geiriau Cyntaf.*

Cyfunwr yw Laura a tharged ei mam ar ei chyfer yw ei helpu i ddysgu dweud brawddegau dau air gan ddefnyddio'r gair 'cawl', fel 'cawl blasus' a 'rhagor o gawl.'

Mae mam Laura yn ychwanegu at y chwarae trwy esgus ei bod wedi colli'r cawl ar lawr. Mae Laura mewn penbleth oherwydd all hi ddim gweld unrhyw gawl ar y llawr. Ond os bydd ei mam yn dangos i Laura sut i lanhau'r llanast dychmygol gyda chadach dychmygol, bydd Laura yn dod i ddeall y gallwch chi chwarae esgus dim ond trwy ddisgrifio rhywbeth.

Chwarae Esgus 2: Ceir, lorïau, ac ati

Crëwch ffordd gyda phontydd, arwyddion stop, gorsafoedd petrol a thwnelau. Gosodwch arni amrywiaeth o gerbydau sy'n gwneud pethau gwahanol (injan dân, ambiwlans, tractor, jac codi baw, bws ysgol). Defnyddiwch focsys bach i wneud adeiladau, storfeydd ac ysgolion. Ychwanegwch rai pobl tegan fel y gall y ddau ohonoch greu stori amdanyn nhw. Gwyliwch eich plentyn i weld beth mae'n hoffi ei wneud. Oes ganddo fwy o ddiddordeb mewn gyrru'r ceir neu wneud rhywbeth gyda'r bobl? Dilynwch arweiniad y plentyn. Chwaraewch esgus gyda'r plentyn ac yna ychwanegwch rai syniadau newydd am hwyl.

Targedau ar gyfer chwarae esgus gyda cheir a lorïau: Defnyddwyr Geiriau Cyntaf	Targedau ar gyfer chwarae esgus gyda cheir a lorïau: Cyfunwyr	Syniadau ychwanegol ar gyfer chwarae esgus gyda cheir a lorïau
Gyrru i'r ysgol		
DEALL:	DEALL:	
• _gyrru i'r ysgol, stopio'r car, agor y drws, athro, plant yn chwarae, Wela i di'n nes ymlaen, pecyn bwyd_ (i ginio)	• **Siaradwch am y dyfodol** – _Mae'r bachgen bach yn mynd i'r ysgol, Mae'n mynd i chwarae efo'i ffrindiau, ac ati._ • **Eglurwch** – _Dydi (Enw) ddim yn mynd i'r ysgol achos ei fod yn rhy fach._ • **Teimladau** – _Mae (Enw) yn hoffi'r ysgol, Mae'n hapus yn yr ysgol._	• Esgus rhoi pecyn cinio i'r bachgen bach (fe allech chi roi bag bach papur iddo). • Mae'r 'Plant' yn dweud helô wrth y bachgen bach pan mae'n mynd i'r ysgol. Yna maen nhw'n gofyn iddo ddod i chwarae.
MYNEGIANT:	MYNEGIANT:	
ysgol, plant, gyrru, stopio, athro, cinio, bag	_Gyrru car, Gyrru i'r ysgol, Parcio car, Dweud ta-ta, Helô athro, Gyrru adref, Car mynd_	
Ambiwlans/ysbyty		
DEALL:	DEALL:	
• _ambiwlans, sâl, dyn/dynes sâl, mynd i'r ysbyty, seiren_ (gwneud sŵn), _meddyg/ doctor, pigiad, teimlo'n well, moddion/ffisig_	• **Siaradwch am y dyfodol** – _Mae gyrrwr yr ambiwlans yn mynd i nôl y dyn sâl._ • **Eglurwch** – _Mae'r dyn yn mynd i'r ysbyty oherwydd ei fod yn sâl._ • **Teimladau** – _Mae'r dyn yn drist oherwydd mae ei goes yn brifo/gwneud dolur._	• Defnyddiwch focs cardbord i wneud ysbyty. • Gwnewch welyau bach i'r cleifion allan o gardbord. • Rhowch fag meddyg i'ch plentyn fel y gall archwilio'r claf. Dangoswch i'r plentyn sut i ddefnyddio'r stethosgop os nad yw'n gwybod sut.
MYNEGIANT:	MYNEGIANT:	
• _ambiwlans, sâl, meddyg, pigiad, gwell, moddion/ffisig_	• _Dyn sâl, Ambiwlans mynd ysbyty, Gyrru ambiwlans, ambiwlans stopio, ambiwlans mynd, dyn sâl, Coes brifo/ gwneud dolur_	

Mae chwarae gyda'ch plentyn yn rhoi nifer fawr o gyfleoedd i chi i ailadrodd y geiriau a'r ystumiau rydych chi'n ei helpu i'w dysgu. Mae hefyd yn dangos i'r plentyn sut y gall chwarae mewn ffyrdd newydd a diddorol. Gall amser chwarae fod yn ddau funud, 20 munud neu awr. Faint bynnag o amser sydd gennych i dreulio gyda'ch plentyn, mae cymaint i'w ddysgu o chwarae gyda'ch gilydd!

Ym mha gyfnod datblygu chwarae mae fy mhlentyn?

Gyferbyn â phob gosodiad isod nodwch y rhif 1 am yn aml, y rhif 2 am yn achlysurol neu'r rhif 3 ar gyfer yn anaml, yn dibynnu ar ba mor aml mae eich plentyn yn chwarae fel hyn. Pan fyddwch chi wedi gorffen, chwiliwch am y gweithgareddau lle rydych chi wedi ysgrifennu 1 neu 2. Mae'r rhain yn weithgareddau y gallwch chi eu mwynhau gyda'ch plentyn nawr, felly dyma'r rhai y gallwch chi gynnwys targedau cyfathrebu ynddyn nhw. Gallwch hefyd roi cynnig ar rai o'r gweithgareddau eraill ym mhob math o chwarae, cyn belled â'u bod dim ond fymryn yn anoddach na'r hyn y gall eich plentyn ei wneud nawr.

Chwarae gweithredol

____ Mae fy mhlentyn yn ysgwyd ac yn taro pethau ac yn eu rhoi yn ei geg.

____ Mae fy mhlentyn yn archwilio pethau trwy edrych arnyn nhw, eu gwasgu, eu troi ac ati.

____ Mae fy mhlentyn yn rhoi pethau mewn cynhwysydd fel bocs neu fasged (ac yn eu tynnu allan).

____ Mae fy mhlentyn yn chwarae gyda theganau achos-ac-effaith (teganau sy'n gwneud rhywbeth pan fyddwch chi'n gwneud rhywbeth iddyn nhw), fel teganau neidio i fyny neu jac-yn-y-bocs.

____ Mae fy mhlentyn yn chwarae gemau gyda mi lle rydym yn estyn, yn rowlio neu'n taflu pêl yn ôl ac ymlaen.

____ Mae fy mhlentyn yn chwarae gyda theganau a phethau eraill yn y ffordd y mae i fod i chwarae â nhw. Er enghraifft, mae'n gwthio car ar hyd y llawr.

____ Mae fy mhlentyn yn rhedeg, yn dringo ac yn neidio.

Chwarae adeiladol

____ Mae fy mhlentyn yn pentyrru blociau ar ben ei gilydd i wneud tŵr.

____ Mae fy mhlentyn yn rhoi jig-sos at ei gilydd.

____ Mae fy mhlentyn yn chwarae gyda chlai neu does chwarae, ac yn creu pethau penodol.

____ Mae fy mhlentyn yn rhoi gwrthrychau (fel blociau Lego®) at ei gilydd i adeiladu pethau.

____ Mae fy mhlentyn yn creu pethau gan ddefnyddio siswrn, glud a phethau fel defnydd, cardbord, papur adeiladu neu basta sych.

Chwarae esgus

____ Mae fy mhlentyn yn chwarae esgus gyda theganau sy'n debyg i bethau go iawn. Mae ei chwarae esgus wedi'i gyfeirio ato'i hun. Er enghraifft, mae'n esgus yfed o gwpan tegan neu'n rhoi ffôn tegan at ei glust.

____ Mae fy mhlentyn yn gwneud un weithred esgus ar y tro, ac mae'r weithred honno'n cael ei chyfeirio at berson neu degan arall. Er enghraifft, efallai y bydd yn cynnig y ffôn tegan i mi neu'n esgus bwydo moronen i'w dedi.

____ Mae fy mhlentyn yn gwneud yr un weithred esgus gyda mwy nag un person neu degan arall. Er enghraifft, mae'n esgus rhoi diod i'w ddoli, yna i mi ac yna i'w dedi.

____ Mae fy mhlentyn yn esgus gwneud gweithgareddau y mae'n fy ngweld i yn eu gwneud o amgylch y tŷ (fel ysgubo'r llawr, coginio, torri'r lawnt).

____ Mae fy mhlentyn yn esgus gwneud dau beth gwahanol iddo ei hun. Er enghraifft, mae'n esgus arllwys diod i gwpan tegan ac yna'n esgus ei yfed.

____ Mae fy mhlentyn yn esgus gwneud dau neu fwy o bethau gwahanol i eraill (pobl neu deganau). Er enghraifft, efallai y bydd yn bwydo ei dedi, yna'n rhoi cusan i'w dedi, yna'n rhoi ei dedi yn y gwely.

____ Mae fy mhlentyn yn defnyddio tegan neu wrthrych arall ac yn cymryd arno ei fod yn rhywbeth hollol wahanol. Er enghraifft, gallai'r plentyn gymryd brwsh llawr ac esgus mai ceffyl ydyn nhw neu gymryd bocs cardbord ac esgus mai car ydy'r bocs.

____ Mae fy mhlentyn yn esgus heb wrthrychau. Er enghraifft, efallai y bydd yn esgus bwyta hufen iâ heb ddim byd yn ei law.

Mwynhau llyfrau gyda'ch gilydd

Mae llyfrau'n cyflwyno plant i fydoedd newydd. Pan fyddwch yn darllen i'ch plentyn, byddwch yn helpu ei meddwl i dyfu a datblygu. Byddwch chi hefyd yn mwynhau'r cyfle i eistedd yn glyd gyda'r plentyn a rhannu'r hwyl o ddarllen gyda'ch gilydd. Yn y bennod yma, byddwch yn dysgu sut i helpu eich plentyn i ddysgu iaith wrth i chi fwynhau llyfrau gyda'ch gilydd. Byddwch chi hefyd yn dysgu rhai ffyrdd syml o osod y sylfaen ar gyfer y sgiliau darllen ac ysgrifennu y bydd y plentyn yn eu dysgu pan fydd yn hŷn.

Y pethau gorau am lyfrau

Mae cael darllen llyfr gyda'ch gilydd yn amser arbennig i chi a'ch plentyn, pan fyddwch chi'ch dau yn mwynhau ymdeimlad o agosrwydd. Ond hefyd, mae llyfrau yn creu cysylltiad rhwng eich plentyn a'r byd – byd y plentyn ei hun a bydoedd newydd. Caiff fynd ar daith i leoedd a sefyllfaoedd diddorol, a llawer ohonyn nhw'n hollol ddieithr.

Mae'r trên yn canu 'Www-wwww, dwi'n meddwl y gallaf, dwi'n meddwl y gallaf, dwi'n gwybod y gallaf, dwi'n gwybod y gallaf.'

Mae Bryn wrth ei fodd â'r llyfr am y trên bach.

Un o'r pethau gorau am lyfrau yw bod y lluniau a'r geiriau yno bob amser i'w darllen dro ar ôl tro. Yn wahanol i iaith lafar sydd yn 'diflannu' yn syth ar ddiwedd sgwrs, mae'r straeon a'r geiriau mewn llyfrau yn dod yn ôl i ni yn yr un ffordd bob tro byddwn yn eu darllen. Mae hyn yn ei gwneud yn llawer haws i'ch plentyn ddysgu geiriau a syniadau newydd.

Pan aiff Bryn ar drên rywdro, bydd ei fam yn ei atgoffa am y trên bach fel y gall gysylltu trên go iawn â'r trên yn y llyfr.

Gorau po gyntaf y byddwch yn dechrau darllen a dweud straeon wrth eich plentyn, fel y daw darllen yn rhan bwysig a phleserus o'i bywyd. Darllen yn uchel i'ch plentyn yw'r peth pwysicaf y gallwch ei wneud i adeiladu ar y wybodaeth sydd ei hangen i ddysgu darllen. Ceisiwch wneud darllen yn rhan o bob diwrnod. Ewch â llyfr gyda chi lle bynnag yr ewch chi: i apwyntiad gyda'r meddyg, ar y bws, yn y car, i'r archfarchnad … i rywle. Caiff llyfrau plastig neu finyl fynd i mewn i'r bath hyd yn oed.

Troi darllen llyfr yn sgwrs

Pan fyddwch yn darllen gyda'ch plentyn – waeth beth fo'r cyfnod cyfathrebu – cadwch y canllawiau hyn mewn cof:

- Wynebwch eich gilydd
- Gwyliwch, Disgwyliwch, Gwrandewch (GDG) a gadewch i'ch plentyn 'ddarllen' y llyfr yn ei ffordd ei hun
- Rhowch gyfle i'ch plentyn i gymryd tro
- Newidiwch y geiriau yn y llyfr
- Dilynwch y pedwar canllaw: Dweud Llai, Pwysleisio, Siarad yn Araf a Dangos
- Ailadrodd, Ailadrodd, Ailadrodd

Wynebwch eich gilydd: Rhan bwysig o ddarllen gyda'ch plentyn yw eistedd yn agos i'ch gilydd a gallu gweld wynebau eich gilydd. Pan fyddwch yn rhannu llyfrau, efallai cewch chi anhawster yn y dechrau i wynebu eich gilydd ac edrych ar lyfr yr un pryd, ond mae'n bwysig dod o hyd i ffordd o wneud hynny. Bydd y lluniau yn y bennod hon yn dangos ychydig o ffyrdd o wneud hynny i chi.

Gwyliwch, Disgwyliwch, Gwrandewch a gadewch i'ch plentyn 'ddarllen' y llyfr yn ei ffordd ei hun: Nid amser i eistedd a gwrando yn unig yw amser stori ond hefyd amser i sgwrsio. Er mwyn cael y budd mwyaf o amser stori, dylai eich plentyn gymryd rhan weithredol ynddo. Pan fyddwch yn meddwl bod y plentyn yn barod, gadewch i'r plentyn ddewis y llyfr, ei ddal a throi'r tudalennau. Unwaith y byddwch chi wedi darllen tudalen ac wedi dangos y lluniau rhowch amser i'r plentyn i edrych ar y dudalen ac arhoswch i weld beth fydd yn ei wneud neu ei ddweud. Treuliwch fwy o amser ar y tudalennau sy'n denu diddordeb y plentyn fwyaf. I ddechrau efallai bydd eich plentyn yn eistedd am ychydig o funudau'n unig tra byddwch yn darllen y llyfr. Os byddwch yn gadael i'r plentyn 'ddarllen' y llyfr yn ei ffordd ei hun, bydd yn cael mwy o flas ar lyfrau. Ymhen amser bydd y plentyn yn edrych ar lyfrau'n fwy aml ac yn eistedd am gyfnod hirach bob tro.

Mae mwy nag un ffordd o ddarllen llyfr.

- Does dim rhaid i chi ddechrau yn y dechrau.
- Gallwch hepgor tudalennau neu beidio â gorffen y llyfr.
- Gallwch siarad am y lluniau a pheidio â darllen y geiriau.
- Gallwch chi newid y geiriau.
- Gallwch chi ddarllen y llyfr drosodd a throsodd, hyd yn oed mewn un eisteddiad.

Rhowch gyfle i'ch plentyn i gymryd tro: Pan fyddwch chi'n darllen i'ch plentyn, nid chi yn unig ddylai fod yn siarad. Rhowch gyfle i'r plentyn i gymryd tro yn ystod y gweithgaredd. Peidiwch â meddwl am ddarllen fel rhywbeth byddwch yn ei wneud i'ch plentyn. Meddyliwch amdano fel rhywbeth yr ydych chi a'ch plentyn yn ei wneud gyda'ch gilydd.

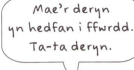

Mae mam Gwyn yn newid y geiriau yn y llyfr ac yn gwneud ystum hedfan er mwyn gwneud yn siŵr bod Gwyn yn deall.

Newidiwch y geiriau yn y llyfr: Gallwch chi newid y geiriau yn y llyfr ac adrodd y stori yn eich geiriau syml eich hun. Nid yw pob llyfr i blant wedi ei ysgrifennu'n dda, ac yn rhai ohonyn nhw mae geiriau sy'n llawer rhy anodd i'ch plentyn eu deall. Newidiwch y geiriau yn y llyfr fel eu bod yn haws i'ch plentyn eu deall ac fel y gallwch eu hailadrodd. Po amlaf y bydd y plentyn yn clywed y geiriau, y mwyaf tebygol y bydd o allu eu deall a cheisio eu dynwared.

Dilynwch y pedwar canllaw: dweud llai, pwysleisio, siarad yn araf a dangos: Mae'n well dweud llai wrth ddarllen llyfr. Defnyddiwch eirfa gyfarwydd a brawddegau byr i helpu eich plentyn i ddeall a dysgu. Pwysleisiwch eiriau pwysig a diddorol ac ychwanegwch effeithiau sain y bydd eich plentyn yn eu mwynhau, fel synau anifeiliaid neu geir. Gwnewch y storïau'n fyw trwy greu lleisiau gwahanol i'r cymeriadau a thrwy ddefnyddio symudiadau ac ystumiau wyneb i'w gwneud yn wirioneddol ddiddorol. Siaradwch yn araf – er mwyn ei gwneud yn haws i'ch plentyn ddeall y geiriau, ac er mwyn rhoi amser i'r plentyn gymryd tro. Dangoswch i'ch plentyn beth yw ystyr y geiriau trwy bwyntio at y lluniau wrth i chi siarad amdanyn nhw a thrwy ddefnyddio symudiadau ac ystumiau. Defnyddiwch deganau neu wrthrychau eraill i wneud y storïau'n fyw. Er enghraifft, os ydych yn darllen stori lle mae pêl yn rhan o'r stori, cadwch bêl eich plentyn wrth eich ochr fel y gallwch chi'ch dau ei thaflu a'i rowlio – yn union fel y cymeriadau yn y llyfr.

Ailadrodd, ailadrodd, ailadrodd: Mae plant wrth eu bodd yn clywed yr un straeon drosodd a throsodd – hyd yn oed ar ôl i chi flino arnyn nhw. Bob tro byddwch yn darllen stori i'ch plentyn, cewch gyfle i ailadrodd yr un geiriau a brawddegau. Ond dydy hi ddim yn ddigon i'ch plentyn glywed yr un geiriau sawl gwaith. Yn enwedig os ydy'r plentyn yn Ddefnyddiwr Geiriau Cyntaf neu'n Gyfunwr, mae angen cyfle ar y plentyn i siarad am beth sydd yn y llyfr ac i ddynwared y geiriau. Gorau po fwyaf o gyfle gaiff eich plentyn i siarad â chi am y syniadau yn y llyfr, a'ch clywed yn ailadrodd rhai o'r geiriau, er mwyn i'w geirfa dyfu.

Gwnewch eich llyfrau eich hun

Weithiau, hoff lyfrau plant yw'r rhai maen nhw'n eu gwneud gartref. Mae llyfr wedi ei greu gennych chi yn rhywbeth arbennig iawn i'ch plentyn oherwydd gall fod yn stori am eich plentyn chi a bod y plentyn hefyd wedi cael cyfle i helpu i greu'r stori. Mae hyn yn cynnig cyfle gwych i'ch plentyn i gyfathrebu a chymryd tro gyda chi. Wrth i chi ysgrifennu'r geiriau wrth ochr y lluniau, dywedwch wrth y plentyn beth rydych chi'n ei ysgrifennu. Yn well fyth, gofynnwch iddo beth mae eisiau i chi ei ysgrifennu. Dyma enghreifftiau o dri math o lyfrau cartref y gallwch eu gwneud:

✦ **Llyfrau lluniau o'r pethau y mae eich plentyn yn eu hoffi:** Bydd apêl arbennig i blentyn mewn llyfr rydych chi wedi'i wneud gyda'ch gilydd am ei hoff bobl, anifeiliaid, teganau neu weithgareddau chwarae. Mae'n well defnyddio ffotograffau, yn enwedig os ydy eich plentyn yn dal i ddysgu adnabod lluniau. Os gall eich plentyn adnabod lluniau o gylchgronau neu gatalogau, gallwch ddefnyddio'r rheini. Rhowch deitl i'r llyfr a'i ysgrifennu ar y clawr – er enghraifft, 'Hoff Bethau Hanifa.'

✦ **Llyfrau rhyngweithiol:** Gwnewch lyfrau codi fflap gan ddefnyddio papur trwchus. Cuddiwch lun diddorol o dan bob fflap. Neu crëwch lyfr cyffwrdd-a-theimlo gyda deunyddiau gwahanol fel darnau o wlân, papur tywod neu beli cotwm i'ch plentyn eu harchwilio.

✦ **Llyfrau lluniau am ddigwyddiad arbennig:** Tynnwch ryw wyth i ddeg ffotograff o ddigwyddiadau teuluol – fel taith i'r sw, cael ci bach newydd neu ddathliad teuluol – a'u rhoi mewn albwm lluniau bach. Os ydy eich plentyn yn gallu adnabod y lluniau hyn, bydd wrth ei bodd yn edrych arnyn nhw a chlywed y stori, yn enwedig os yw'n ymwneud â'r plentyn ei hun. Os ydy eich plentyn yn Ddefnyddiwr Geiriau Cyntaf neu'n Gyfunwr, gall hyd yn oed ddechrau dweud y stori wrthych chi.

Mi wnest ti chwythu'r holl ganhwyllau. Ac yna fe wnaethon ni ganu, 'Pen-blwydd hapus i ti ...'

La-la.

Mae Hanifa wrth ei bodd yn edrych ar y llyfr cartref hwn o'i pharti pen-blwydd a siarad â'i mam am y diwrnod cyffrous hwnnw.

Mwynhau llyfrau gyda'ch gilydd ym mhob cyfnod

Mae'r ffordd rydych chi'n darllen llyfrau i'ch plentyn yn dibynnu ar faint o iaith mae eich plentyn yn ei ddeall. Ewch yn ôl i'r rhestr wirio ar dudalennau 11–13, 'Ym mha gyfnod datblygu cyfathrebu y mae fy mhlentyn', ac edrychwch ar lefel dealltwriaeth (nid mynegiant) eich plentyn. Er enghraifft, os yw dealltwriaeth eich plentyn yn y cyfnod Defnyddiwr Geiriau Cyntaf, ond bod ei mynegiant yn y cyfnod Cyfathrebu, dewiswch lyfrau sy'n addas ar gyfer Defnyddwyr Geiriau Cyntaf. Daliwch ati i adeiladu ei ddealltwriaeth o iaith gan ddefnyddio llyfrau ar gyfer Defnyddwyr Geiriau Cyntaf. Bydd targedau mynegiant y plentyn yn parhau i fod yn y cyfnod Cyfathrebu.

Mwynhau llyfrau gyda Darganfyddwyr

Dydy hi byth yn rhy gynnar i gyflwyno eich plentyn i lyfrau. Hyd yn oed os bydd yn cnoi'r llyfr – sy'n eithaf tebygol – gall eich plentyn barhau i fwynhau sgwrsio â chi am lyfrau. Gan na fydd Darganfyddwyr yn deall y geiriau na'r lluniau mewn llyfrau, dewiswch lyfrau bwrdd neu lyfrau plastig sy'n gwneud teganau diddorol:

- **llyfrau gyda ffotograffau neu luniau llachar, lliwgar** – llyfrau o bobl, gwrthrychau cyfarwydd a gweithgareddau cyffredin;
- **llyfrau ag odl, rhythm, ailadrodd neu frawddegau syml;**
- **llyfrau rhyngweithiol** – llyfrau sy'n gwneud synau pan fyddwch yn gwthio botwm neu sydd â deunyddiau o weadau gwahanol i'w teimlo neu fflapiau i'w codi.

Dyna gynffon y gwningen. Mae'n gynffon feddal braf.

Wynebwch eich plentyn a dangoswch y llyfr iddo. Dangoswch y rhannau rydych chi'n meddwl fydd o ddiddordeb i'r plentyn. Pwyswch y botwm wrth ochr y car a dywedwch 'bîp bîp', neu dangoswch y ci lliwgar a dywedwch, 'Edrycha ar y ci. Mae'r ci yn dweud 'wff-wff'. Yna gwyliwch ac arhoswch i gael gweld beth fydd yn ei wneud. Dilynwch arweiniad y plentyn. Os bydd yn gwneud sŵn, dynwaredwch y plentyn. Os bydd y plentyn yn gafael yn y llyfr a'i gnoi neu ei dynnu, siaradwch am beth mae'r plentyn yn

Hoff dudalen Martha yn y llyfr 'cyffwrdd-a-theimlo' yw'r un â chwningen â chynffon feddal. Felly mae ei mam yn siarad am y gynffon tra bo Martha yn ei chyffwrdd.

ei wneud: 'Rwyt ti'n hoffi cnoi'r llyfr'. Os bydd y plentyn yn edrych ar lun neu ar ran o lyfr cyffwrdd-a-theimlo, pwyntiwch ato a dywedwch beth yw e. Yna arhoswch eto hyd nes y bydd y plentyn yn gwneud rhywbeth arall neu'n gwneud sŵn arall, gan gyfrif hynny fel tro'r plentyn. Yna cymerwch eich tro chi. Dangoswch rywbeth arall yn y llyfr i'r plentyn, a chadwch y troeon i fynd.

Mwynhau llyfrau gyda Chyfathrebwyr

Bellach mae eich plentyn yn deall rhai geiriau ac yn gallu adnabod rhai lluniau, felly fe gewch chi lawer o hwyl wrth i chi ddarllen gyda'ch gilydd. Mae'n debyg bod gan y plentyn rai llyfrau y mae am i chi eu darllen dro ar ôl tro. Dyma'r math gorau o lyfr ar gyfer Cyfathrebwyr:

- **llyfrau bwrdd gyda thudalennau trwchus** sy'n haws i law eich plentyn eu troi – er enghraifft, Cyfres Babis Bach (Rily), e.e. *Anifeiliaid, Y Fferm,* Cyfres Babi Cyffwrdd a Theimlo (Dref Wen),
- **llyfrau byr gydag odl, rhythm ac ailadrodd** – *Mae'r Cyfan i ti* gan Luned Aaron (Atebol), *Dwi Eisiau bod yn Ddeinosor* gan Luned Aaron (Atebol), *Meddyliau Bwni Bach* gan Steve Smallman (Graffeg), *Diwrnod Prysur Twts* (Gomer).
- **llyfrau gyda lluniau lliwgar, realistig** o bobl (yn enwedig plant), anifeiliaid, gwrthrychau bob dydd a gweithgareddau fel amser bath, amser gwely a bwyta – *Diwrnod Prysur Llygoden Fach* gan Leoni Servini (Rily), *Yn Gynnar yn y Bore* gan Lawrence Schimel (Canolfan Peniarth), *Cwtsh a Chyffwrdd: Cofleidio* gan Natalie Boyd (Rily).
- **llyfrau rhyngweithiol** gyda phethau i'w cyffwrdd neu eu gwneud fel gwneud synau, codi fflap neu wneud i luniau symud – *Nos Da Llew* gan Joshua George (Rily), Cyfres Newydd Smot y Ci gan Eric Hill (Atebol), *Codi Fflap Pi-Po! Bwystfilod* (addasiad Eurig Salisbury), *Rôr! Rôr! Deinosor Ydw I!* (Atebol), *Deg ar y Bws* gan Huw Aaron (Broga), *Y Ddoli Orau yn y Byd* gan Fiona Watt (Y Lolfa), *Annwyl Sw* gan Rod Campbell (Dref Wen), Cyfres Cyffwrdd a Ffeindio (e.e. *Sw,* Dref Wen), *Traed Pwy?* (Dref Wen).
- **llyfrau gyda hwiangerddi**, rhigymau eraill a chwarae bysedd (fel 'Un bys, dau fys, tri bys yn dawnsio) – *Amser Canu, Blant* (Rily).
- **llyfrau wedi eu creu gartref** gyda lluniau o'ch plentyn
- **llyfrau lluniau heb eiriau** – fel *Good Dog, Carl* gan Alexandra Day a *Good Night, Gorilla* gan Peggy Rathmann

Cymryd eich tro ac ychwanegu iaith gyda Chyfathrebwyr

Pan fyddwch chi'n darllen llyfrau gyda Chyfathrebwr, darllenwch yn araf. Cofiwch fod y plentyn yn dal i ddysgu beth yw ystyr geiriau. Mae gan Gyfathrebwyr ddiddordeb mawr mewn lluniau, felly pwyntiwch at y lluniau wrth i chi siarad amdanyn nhw. Ailadroddwch a phwysleisiwch y geiriau rydych chi am i'r plentyn eu dysgu. Cymerwch saib yn rheolaidd. Rhowch gyfle i'r plentyn i ddweud rhywbeth wrthych chi am y lluniau ar y dudalen rydych chi newydd ei darllen. Os arhoswch yn ddisgwylgar, mae'n debyg y bydd y plentyn yn gwneud sŵn neu'n pwyntio at yr hyn sydd o ddiddordeb iddo. Dilynwch arweiniad y plentyn. Dehonglwch y sŵn neu'r ystum ac yna ychwanegwch eich sylwadau syml eich hun. O bryd i'w gilydd gallwch ofyn cwestiwn i'ch plentyn os ydych chi'n siŵr bod gan y plentyn ffordd o'i ateb (er enghraifft, trwy bwyntio, nodio neu ysgwyd pen). Peidiwch â gofyn gormod o gwestiynau, serch hynny. Mae darllen llyfrau gyda'ch gilydd yn gyfle i gymryd tro a chael hwyl. Gall eich plentyn ddiflasu os gofynnwch ormod o gwestiynau.

Mae Aled a'i dad yn darllen ei hoff lyfr am gi bach sy'n cuddio, ac mae tad Aled yn aros iddo roi gwybod iddo ei fod wedi dod o hyd i'r ci o dan y fflap.

Mae Aled yn adnabod y llyfr mor dda erbyn hyn fel ei fod yn gallu dweud wrth ei dad pa sŵn mae'r ci yn ei wneud.

Am hwyl, ychwanegodd Dad y gair 'mwythau' a'r weithred sy'n cyd-fynd ag ef at y stori ychydig wythnosau yn ôl, gan ei ddefnyddio dro ar ôl tro. Nawr bydd Aled yn rhoi mwythau i'r ci pan fydd Dad yn dweud y gair.

Gosod targedau ar gyfer Cyfathrebwyr wrth ddarllen llyfrau

Y peth pwysicaf i'w gofio wrth osod targedau ar gyfer Cyfathrebwr wrth ddarllen llyfrau yw bod yn **rhaid i chi ddarganfod yn gyntaf beth mae'r plentyn yn ei fwynhau fwyaf am y llyfr**. Er enghraifft, os ydy llyfr yn dangos plant yn gwneud pethau syml fel rhedeg, chwarae a bwyta. Os ydy eich plentyn yn hoffi'r llyfr hwn ac yn mwynhau copïo'r symudiadau a'r gweithgareddau sydd i'w gweld ynddo, yna un targed da i'r plentyn fyddai deall y geiriau gweithredu yn y llyfr, fel *neidio, cwympo* a *chysgu*.

Er mwyn helpu eich plentyn i ddeall y gair *neidio*, er enghraifft, pwysleisiwch y gair pan fyddwch chi'n darllen y dudalen lle mae'r plant yn neidio ar y gwely. Dywedwch y gair yn araf a chofiwch ei ailadrodd. 'Mae'r plant yn neidio ar y gwely! Neidio, neidio!' Gallwch chi hefyd neidio gyda'ch plentyn i ddangos beth mae'r gair yn ei olygu, gan ddweud, 'Dere i ni gael neidio.' A dywedwch 'neidio' pan fyddwch yn neidio gyda'r plentyn.

Cofiwch ddefnyddio'r gair mewn sefyllfaoedd eraill hefyd, yn enwedig pan fydd y plentyn yn dangos diddordeb yn yr hyn y mae'n ei weld. Er enghraifft, gallwch dynnu sylw at blant yn neidio, ci yn neidio i ddal pêl neu lun o geffyl yn neidio dros ffens. Unwaith y bydd y plentyn yn deall y gair, daliwch ati i'w ddefnyddio fel y gall y plentyn ei ddynwared pan fydd y plentyn yn barod.

Targed tad Robyn ar ei gyfer yw dynwared y gair 'wps' a deall y gair 'cwympo.' Pan fydd Robyn yn edrych yn ofalus ar y llun o'r babi'n cwympo, mae Dad yn dweud, 'Wps' ac yn sôn am y babi 'yn cwympo.'

Mae Dad yn ychwanegu ychydig o hwyl i'r stori trwy ddangos i Robyn beth yw ystyr cwympo – ac mae Robyn yn ei ddynwared.

Ar ôl clywed 'wps' sawl gwaith, erbyn hyn gall Robyn ei ddynwared.

Pan fyddwch chi'n dewis targed i wella mynegiant eich plentyn, yr allwedd i'w helpu i wneud hynny yw ailadrodd. Er enghraifft, efallai mai eich targed ydy i'r plentyn ddweud, 'Hisht' pan fydd yn gweld llun o blentyn sy'n cysgu. Yn gyntaf, dylech chi ddarllen y llyfr sawl gwaith fel bod y plentyn yn gweld y llun o'r plentyn sy'n cysgu ac yn clywed y gair 'Hisht' tra byddwch chi hefyd yn rhoi'ch bys ar eich gwefusau. Yna, dywedwch y gair wrth edrych ar y dudalen honno, ac arhoswch i weld os bydd y plentyn yn eich dynwared. Os na wnaiff, ailadroddwch y gair a'r ystum, a pharhau â'r llyfr. Unwaith y bydd y plentyn wedi dysgu dynwared y gair, rhowch gyfle i'r plentyn ddweud 'Hisht' ei hunan. Wrth edrych ar y dudalen sy'n dangos y plentyn yn cysgu, rhowch eich bys ar eich ceg ac aros, gan edrych yn ddisgwylgar, i weld a fydd y plentyn yn dweud, 'Hisht.' Os na fydd, dywedwch y gair dros y plentyn a daliwch ati i ddarllen. Beth bynnag sy'n digwydd, cofiwch wneud yn siŵr bod y plentyn yn mwynhau'r sgwrs.

Mwynhau llyfrau gyda Defnyddwyr Geiriau Cyntaf

Mae Defnyddiwr Geiriau Cyntaf yn dysgu llawer am lyfrau. Mae'n dal llyfrau'r ffordd gywir ac yn troi'r tudalennau. Mae'n mwynhau llyfrau gydag iaith, rhythmau a synau diddorol. Yn aml bydd yn gallu dynwared y geiriau wrth i chi adrodd y stori ac mae'n hoffi enwi'r lluniau. Mae'n gallu dilyn straeon bach ac yn mwynhau gwrando arnyn nhw dro ar ôl tro.

Mae llawer mwy o ddewis o lyfrau i'w darllen i Ddefnyddiwr Geiriau Cyntaf, ac maen nhw'n gallu mwynhau amrywiaeth ehangach. Efallai bydd y plentyn yn mwynhau rhai o'r un llyfrau â Chyfathrebwyr, ond bydd y plentyn yn eu deall yn well ac yn gallu siarad amdanyn nhw. Mae'n bwysig darllen llyfrau newydd a diddorol i'ch Defnyddiwr Geiriau Cyntaf, er na fydd yn deall yr holl eiriau a syniadau ar unwaith. Trwy ailadrodd a defnyddio cymhorthion gweledol, bydd y plentyn yn dod i'w deall ymhen amser. Dyma'r mathau gorau o lyfrau ar gyfer Defnyddwyr Geiriau Cyntaf:

- **llyfrau cadarn gyda lluniau a ffotograffau syml, lliwgar** – er enghraifft, Cyfres Llyfrau Clwt (Atebol)
- **llyfrau gyda rhigymau, rhythmau ac ailadrodd hwyliog** – *Mae'r Cyfan i ti* gan Luned Aaron (Atebol), *Dwi Eisiau bod yn Ddeinosor* gan Luned Aaron (Atebol), *Meddyliau Bwni Bach a Ffrindiau Bwni Bach* gan Steve Smallman (Graffeg), *Dawnsio Dawns y Deinosor* (addasiad Eurig Salisbury), *Dwylo'n Dawnsio* gan Elin Meek (Broga).
- **llyfrau rhyngweithio** – Cyfres Newydd Smot y Ci gan Eric Hill (Atebol), Cyfres Peiriannau Mawr Swnllyd (Dref Wen), *Annwyl Sw*

gan Rod Campbell (Dref Wen), *Dwmbwr Dambar*, addasiad Elin Meek (Dref Wen), Cyfres Chwarae a Chwilio, e.e. *Yn y Jyngl, Ar y Fferm* (Rily), *Beth Ydw I? Tractor* (Gomer), *Diwrnod Prysur Popi'r Gath* gan Lara Jones (Gomer), *Teigr, Teigr, Amser Cael Bath* (Dref Wen).

- **llyfrau thema** – *Jambori'r Jyngl* gan Jo Empson, Cyfres Criw'r Coed gan Carys Haf Glyn (Y Lolfa), *Pwy Sy'n Cuddio ar y Fferm*, addasiad Elin Meek (Dref Wen).
- **llyfrau stori byr, syml** – *Broga ar y Fferm* (Dref Wen), *Tomi a'i Ffrind Newydd* gan Sally Chambers (Dref Wen), *The Snowman* (llyfr heb eiriau) gan Raymond Briggs, Cyfres Cyw (Y Lolfa) a llyfrau bwrdd Sali Mali, e.e. *Cacen Sali Mali, Hoff Le Sali Mali a Jac y Jwc ar y Fferm* (Atebol).
- **llyfrau albwm sy'n cynnwys lluniau teuluol a llyfrau wedi eu creu gartref gyda ffotograffau**

Cymryd troeon ac ychwanegu iaith gyda Defnyddwyr Geiriau Cyntaf

Mae'r Defnyddiwr Geiriau Cyntaf yn dysgu'n bennaf trwy siarad â chi am yr hyn sydd yn y llyfr, ac nid wrth ddarllen yn unig. I wneud yn siŵr ei bod nhw'n cael cyfle i feddwl a chyfathrebu, peidiwch â rhuthro. Ar ôl darllen pob tudalen, cymerwch saib a gwyliwch nhw. Gadewch i'r plentyn edrych arno cyhyd ag y mae'n dymuno. Arhoswch a gwyliwch beth mae'r plentyn yn ei ddweud neu ei wneud. Pan fydd y plentyn yn cyfathrebu â gair, ystum neu sain, dilynwch ei hesiampl, gan siarad am y pwnc tra bydd ei ddiddordeb yn para.

I wella dealltwriaeth eich plentyn, defnyddiwch lyfrau fel y 'drws' i'r byd. Dangoswch i'r plentyn fod y pethau sydd yn y llyfr yn rhan o fyd y plentyn hefyd. Os oes gan y plentyn apwyntiad gyda'r meddyg a bod un o'i llyfrau'n sôn am fynd at y meddyg, dyma eich cyfle i gysylltu'r meddyg yn y llyfr â'r meddyg ym myd eich plentyn.

Pan fydd eich plentyn yn mynd i'r ysgol, bydd angen i'r plentyn fod yn gyfarwydd â'r hyn rydym yn ei alw'n iaith dysgu – y lefel fwy cymhleth o iaith sydd ei hangen ar blant er mwyn dysgu am y byd. Defnyddir iaith dysgu, er enghraifft, i gymharu a chyferbynnu dau beth, i ddisgrifio teimladau, i roi esboniadau ac i esgus a dychmygu. Ymhell cyn i'r plentyn fynd i'r ysgol am y tro cyntaf, bydd eich plentyn yn dysgu'r math hwn o iaith trwy eich clywed chi yn ei ddefnyddio, yn enwedig pan fyddwch yn darllen. Dyma i chi rai awgrymiadau ar gyfer helpu eich plentyn i ddechrau deall iaith dysgu. Ceisiwch gynnwys y math hwn o iaith wrth ddarllen i'ch plentyn, ond defnyddiwch enghraifft neu ddwy yn unig ar y tro.

- **Siarad am bethau a ddigwyddodd yn y gorffennol:** 'Edrychodd Dr Siwan tu mewn i dy glust.' (Esgus dal teclyn ac edrych yn y glust.)

- **Siarad am beth fydd yn digwydd (yn y dyfodol):** 'Dwi'n mynd at y meddyg. Mae'r meddyg yn mynd i archwilio fy llygaid.' (Pwyntiwch at eich llygaid.)
- **Disgrifio, cymharu a chyferbynnu pethau:** 'Roedd gen ti bigyn clust, ond mae'n well rŵan.'
- **Siarad am deimladau:** 'Doeddet ti ddim yn hoffi cael pigiad ac roedd ofn arnat ti.' (Gwnewch wyneb ofnus.)
- **Siarad am resymau, esboniadau (defnyddiwch *achos/oherwydd a dyna pam*):** 'Rhoddodd y meddyg foddion i ti oherwydd bod gennyt ti bigyn clust.' (Dangoswch y botel moddion a phwyntiwch at y glust.)
- **Siarad am bethau dychmygol:** 'Oes gan y babi bigyn clust?' (Awgrymwch i'r plentyn archwilio clust y ddoli.)

Mae dysgu iaith dysgu i'ch plentyn yn bwysig iawn, hyd yn oed os nad ydy'n deall popeth rydych chi'n ei ddweud. Mae deall bob amser yn cymryd amser.

Mae Dad yn ailadrodd y gair 'clust' droeon wrth iddo sôn am ddigwyddiad yn y gorffennol – ymweliad Sofia â'r meddyg.

Mae Dad yn creu ychydig o hwyl trwy esgus bod ganddo bigyn clust (wrth sôn am bethau dychmygol) ac yn rhoi cyfle i Sofia gymryd rhan. Mae'n treiglo'r gair 'clust' wrth siarad ond does dim disgwyl i Sofia wneud hyn eto.

Mae Dad yn defnyddio iaith dysgu, gan gysylltu'r llyfr â'r byd go iawn ar gyfer Sofia. Dydy hi ddim yn sylweddoli faint mae hi'n ei ddysgu – mae hi'n cael gormod o hwyl yn y sgwrs yma.

Mae darllen straeon fel *Y Dyn Bach Sinsir* (Rily) ac *Y Tri Mochyn Bach* (Rily) i'ch plentyn yn rhan bwysig o ddysgu iaith. Mae clywed straeon yn dysgu plant sut i adrodd straeon amdanyn nhw eu hunain a phethau y maen nhw wedi eu profi. Unwaith y bydd eich plentyn wedi clywed stori ychydig o weithiau, bydd yn gallu ymuno, gan gynnig gair i lenwi bwlch. Er enghraifft, pan fyddwch yn dweud 'Rhedwch, rhedwch mor gyflym ag y gallwch! Allwch chi ddim fy nal, fi yw'r Dyn ...' bydd y plentyn yn ychwanegu'r gair 'Sinsir!' Wrth ddarllen llyfrau stori, cymerwch saib bob hyn a hyn i annog eich plentyn i gynnig geiriau a siarad am y stori.

Gosod targedau ar gyfer Defnyddwyr Geiriau Cyntaf wrth ddarllen llyfrau

Dylai eich targedau ar gyfer Defnyddiwr Geiriau Cyntaf ganolbwyntio ar wella ei ddealltwriaeth o eiriau a syniadau, gan mai dim ond am bethau mae'r plentyn yn ei ddeall y bydd yn siarad. Fe welwch efallai y bydd eich plentyn yn dysgu rhai o'i geiriau cyntaf o'i hoff lyfrau. Unwaith eto, bydd y targedau cyfathrebu a osodwch ar gyfer eich plentyn yn dibynnu ar y llyfrau y mae'r plentyn yn eu mwynhau ac am beth mae'r plentyn eisiau siarad.

Dywedwch, er enghraifft, eich bod yn darllen *Ble mae Smot?* i'ch plentyn a'i bod yn mwynhau codi'r fflap i weld ydy Smot y ci yno. Mae hyn yn rhoi cyfle perffaith i chi osod rhai targedau cyfathrebu. Un targed ar gyfer gwella dealltwriaeth fyddai deall ac ateb cwestiynau yn dechrau â ble, fel 'Ble mae Smot?' Gallech roi'r ateb i'r plentyn 'Wn i ddim' a'r plentyn yn ei ddynwared – nes i chi ddod o hyd i Smot yn y fasged. Os felly byddech yn dweud 'Yn y fasged!' Targed arall fyddai ateb cwestiynau Ie-neu-Na fel 'ydi e o dan y gwely?' ('Na') a 'ydi e o dan y grisiau?' ('Na'). Unwaith y bydd y plentyn yn deall ac yn gallu ateb y cwestiynau hyn, gall geisio gofyn cwestiwn i chi, gan ddefnyddio un gair – er enghraifft, 'Gwely?' am 'Ydi e o dan y gwely?'

Mae Siôn yn mwynhau edrych ar lyfr gyda lluniau o anifeiliaid fferm, felly targedau mam Siôn ar ei gyfer yw dweud enw'r anifeiliaid a'r synau maen nhw'n eu gwneud.

O, edrycha! Dyna'r...

Fuwch.

Ac mae'r fuwch yn dweud...

Mŵ-ŵ!

Erbyn hyn mae mam Siôn wedi darllen y llyfr iddo gymaint o weithiau fel y gall lenwi'r bylchau'n hawdd.

Wrth ddarllen llyfr fel *Ble mae Smot?* gallwch helpu eich plentyn i ddysgu geiriau lleoli fel 'yn/mewn' ac 'o dan'. Defnyddiwch y geiriau lleoli hyn mewn sawl sefyllfa arall, nes y daw i'w deall nhw. Unwaith bydd y plentyn yn deall y geiriau, gall geisio eu dweud, yn enwedig os byddwch yn aros y ddisgwylgar ar ôl dweud y gair.

Mwynhau llyfrau gyda Chyfunwyr

Gall Cyfunwr ddeall llawer o eiriau a syniadau. Mae hyn yn ei gwneud yn bosib i'r plentyn i ddeall a mwynhau straeon mwy cymhleth a siarad am y cymeriadau a'r digwyddiadau sydd ynddyn nhw. Efallai bydd y plentyn hefyd yn mwynhau llyfrau sy'n ei helpu i ddysgu am bethau diddorol fel dinosoriaid neu anifeiliaid. Bellach gall chwarae rhan hyd yn oed yn fwy gweithredol pan fyddwch yn darllen llyfrau a gall eistedd a sgwrsio â chi am amser eithaf hir. Bydd y plentyn yn mwynhau actio'r stori, fel mae Tarik a'i fam yn ei wneud

Mae Jac y Jwc yn bwydo'r moch.

O, na!

O, na!

Mae Jac y Jwc yn godro'r fuwch.

Hoff lyfr Tarik yw Jac y Jwc ar y Fferm. Felly mae ei fam yn rhoi bywyd i'r llyfr trwy actio'r stori gyda Tarik, gan wneud yn siŵr eu bod nhw eu dau yn cymryd tro.

Mae Mam Tarik yn ei helpu i ddysgu am anifeiliaid wrth iddyn nhw actio'r stori.

Meddyliwch am lyfrau fel 'pont' sy'n cysylltu byd eich plentyn a'r byd y mae'n dysgu amdano. Dyma ychydig o awgrymiadau i'ch helpu:

✦ **Cyflwynwch syniadau newydd trwy gyfrwng llyfrau:** Er enghraifft, os ydych chi'n darllen llyfr am ddinosoriaid i'ch plentyn ac yna'n gweld sgerbydau dinosoriaid mewn amgueddfa, bydd gan y plentyn ryw syniad eisoes beth yw dinosoriaid. Bydd hyn yn ei helpu i ddeall yr hyn y mae'n ei weld a'i glywed yn yr amgueddfa. Yna, pan gyrhaeddwch adref a siarad am ddinosoriaid wrth ddarllen y llyfr eto, bydd gan y plentyn lawer mwy i siarad amdano. Bydd y plentyn llawer mwy tebygol o ddysgu o'r hyn rydych chi'n ei ddweud oherwydd bydd ganddo fwy fyth o ddiddordeb yn y pwnc. Hefyd, defnyddiwch lyfrau i gyflwyno'ch plentyn i bethau na fydd byth yn eu gweld na'u gwneud, fel mynd mewn llong ofod neu farchogaeth camel. Byddwch yn adeiladu ei gwybodaeth, gwybodaeth y bydd ei angen ar y plentyn pan fydd yn mynd i'r ysgol.

✦ **Defnyddiwch lyfrau i adeiladu ar brofiadau eich plentyn:** Gall llyfrau adeiladu ar y wybodaeth y mae eich plentyn eisoes wedi dechrau ei dysgu. Os ydy eich plentyn yn mynd i'r sw ac yn hoffi'r eirth gwyn, chwiliwch am lyfr am eirth gwyn a'i ddarllen i'r plentyn. Siaradwch am yr eirth yn y llyfr a'r eirth welsoch chi yn y sw. Daw'r llyfr yn bont rhwng profiad eich plentyn a'r nifer o bethau newydd sydd i'w dysgu am eirth.

✦ **Defnyddiwch lyfrau i helpu eich plentyn i ymdopi â phrofiadau newydd neu anodd:** Os ydy eich plentyn yn mynd i wneud rhywbeth am y tro cyntaf, fel mynd at y deintydd, paratowch y plentyn ar gyfer y profiad gyda llyfr ar y pwnc. Darllenwch y llyfr dro ar ôl tro i'w helpu i ddeall a pharatoi ar gyfer y digwyddiad. Pan fyddwch chi yn y ddeintyddfa, siaradwch am y llyfr. 'Cofiwch sut y gofynnodd y deintydd yn y llyfr i'r ferch fach agor ei cheg yn llydan?' Pan fydd yr ymweliad â'r deintydd drosodd, ewch yn ôl at y llyfr a'i ddarllen eto. Anogwch y plentyn i siarad am y profiad ei hun a gweld a oedd yn debyg i'r un yn y llyfr. Mae *Sut Wyt ti'n Teimlo, Llygoden Fach* (Rily), *Sut Wyt Ti, Bwci Bo* gan Joanna Davies (Atebol), *Y Babi Newydd* (Rily), Cyfres Camau Mawr (Rily), *Mae'n Iawn Bod yn Wahanol* (Atebol) a chyfres Teimladau Mawr Bach (Rily) yn ymdrin â theimladau o bob math a llawer o brofiadau anodd y mae plant yn gorfod ymdopi â nhw, fel cael babi newydd yn y teulu neu pan fydd plentyn ofn y tywyllwch, yn mynd i'r ysgol am y tro cyntaf neu pan fydd yn gwrthod mynd i'r gwely.

✦ **Defnyddiwch lyfrau i gyflwyno eich plentyn i leoedd a chreaduriaid dychmygol:** Mae straeon tylwyth teg a llyfrau am angenfilod, ysbrydion a chreaduriaid dychmygol eraill yn annog eich plentyn i ddefnyddio ei ddychymyg. Pan fyddwch chi'n siarad amdanyn nhw gyda'ch gilydd, bydd y plentyn yn mwynhau tra bydd yn dysgu defnyddio iaith i siarad am bethau dychmygol. Mae'n bwysig bod plant yn gyfarwydd â'r math yma o iaith pan fyddan nhw'n mynd i'r ysgol.

Y llyfrau gorau ar gyfer Cyfunwyr

- **llyfrau ar batrwm syml sy'n ailadrodd geiriau neu ymadroddion** – *Mae'r Cyfan i ti* gan Luned Aaron (Atebol), *Dwi Eisiau bod yn Ddeinosor* gan Luned Aaron (Atebol), *Meddyliau Bwni Bach* a *Ffrindiau Bwni Bach* gan Steve Smallman (Graffeg), *Dawnsio Dawns y Deinosor* (addasiad Eurig Salisbury), *Dwylo'n Dawnsio* gan Elin Meek (Broga), *Wwsh ar y Brwsh* gan Julia Donaldson (Dref Wen).

- **straeon syml gyda phrif gymeriad** – dylai fod gan straeon ddechrau a diwedd clir a themâu cyfarwydd y gall eich plentyn uniaethu â nhw. Hefyd gall rhai straeon sôn am brofiadau newydd, fel cael brawd neu chwaer fach newydd, neu fynd i'r ysgol. Efallai y bydd gan y cymeriadau yn y stori deimladau cyfarwydd fel bod yn ddig neu'n ofnus, a gallan nhw ddod o hyd i ffyrdd o ddatrys y problemau hyn. Rhai straeon y mae plant yn eu mwynhau yw *Y Teigr a Ddaeth i De* gan Judith Kerr (Dref Wen), *Y Llew Tu Mewn*, *Addewid y Pandas* a *Y Geco a'r Eco* (Atebol), *Y Lindysen Llwglyd Iawn* gan Eric Carle (Dref Wen), *The Snowman* gan Raymond Briggs, *Yng Ngwlad y Pethau Gwyllt* gan Maurice Sendak (llyfr wedi'i ysgrifennu'n dda gyda pheth iaith gymhleth, y gellir ei deall oherwydd y darluniau hardd), *A am Anghenfil* gan Huw Aaron (Gwasg Carreg Gwalch),

- **llyfrau rhyngweithiol** – Cyfres Newydd Smot y Ci gan Eric Hill, Cyfres Peiriannau Mawr Swnllyd (Dref Wen), *Annwyl Sw* gan Rod Campbell (Dref Wen), *Dwmbwr Dambar*, addasiad Elin Meek (Dref Wen), Cyfres Chwarae a Chwilio, e.e. *Yn y Jyngl, Ar y Fferm* (Rily).

- **llyfrau thema** – gyda themâu fel anifeiliaid sw, mynd at y meddyg, mynd i'r archfarchnad, neu bethau y gallaf eu gwneud fy hun.

Cymryd troeon ac ychwanegu iaith gyda Chyfunwyr

Os yw eich plentyn wedi dechrau cyfuno geiriau, dylech ddisgwyl i'r plentyn sgwrsio â chi a chymryd tro pan fyddwch yn darllen llyfr gyda'ch gilydd. Po fwyaf y byddwch yn siarad gyda'ch gilydd am y llyfr, mwyaf bydd y plentyn yn ei ddysgu. Darllenwch y llyfrau mae'r plentyn yn eu mwynhau, gan newid y geiriau yn ôl yr angen er mwyn eu gwneud yn haws eu deall ac er mwyn rhoi cyfle i chi eu hailadrodd yn amlach.

Defnyddiwch **iaith dysgu** (gweler tudalen 141) wrth ddarllen i Gyfunwr. Mae angen i'ch plentyn eich clywed yn siarad mewn ffyrdd sy'n ei hannog i feddwl, i ddatrys problemau ac i ddychmygu. Mae hyn yn golygu siarad am bethau sy'n mynd y tu hwnt i'r hyn y mae'n gallu ei weld, ei glywed a'i gyffwrdd. Defnyddiwch un neu ddwy enghraifft o iaith dysgu ar y tro. Peidiwch â llethu eich plentyn â gwybodaeth. Cadwch bethau'n syml a helpwch nhw i ddeall yr hyn rydych chi'n ei ddweud trwy ei ailadrodd mewn llawer o sefyllfaoedd gwahanol. Byddan nhw'n dod i ddeall mwy dros amser.

Er enghraifft, os ydych chi'n siarad â'ch plentyn am y llyfr *Hoff Le Sali Mali,* sy'n dweud bod gan Sali Mali hoff le ac yn hoff o dreulio amser yno trwy'r pedwar tymor, gallwch chi ddefnyddio iaith dysgu yn y ffyrdd canlynol:

- **Siaradwch am bethau a ddigwyddodd yn y gorffennol:** 'Wyt ti'n cofio pan oedd hi'n bwrw glaw ddoe?'
- **Siaradwch am beth fydd yn digwydd yn y dyfodol:** 'Dwi'n mynd i eistedd allan yn yr ardd fory os bydd hi'n braf.'
- **Disgrifiwch, cymharwch a chyferbynnwch bethau:** 'Mae Sali Mali'n gwisgo côt yma gan ei bod hi'n wyntog ac yn oer. Dydy hi ddim angen gwisgo côt pan mae'r haul yn gwenu, fel heddiw.'
- **Siaradwch am deimladau:** 'Fy hoff le i yw … oes gen ti hoff le?'
- **Siaradwch am resymau, esboniadau:** 'Mae hi'n braf treulio amser yn yr ardd yn yr haf oherwydd dy fod di'n chwarae tu allan a chael dy ffrindiau draw, fel Sali Mali.'
- **Siaradwch am bethau dychmygol:** 'Beth am esgus mai ein hoff le ni yw'r gofod a'n bod ni'n teithio mewn llong ofod i'r awyr!'

Iaith dysgu yw'r iaith y mae angen i blant ei gwybod a'i defnyddio pan fyddan nhw'n cyrraedd yr ysgol. Mae angen i'ch plentyn glywed y math yma o iaith fel y gallan nhw ddysgu ei defnyddio. Fydd y plentyn ddim yn deall popeth rydych chi'n ei ddweud pan fyddwch chi'n siarad am bethau fel hyn. Ond os byddwch chi'n ailadrodd y syniadau hyn yn aml, gan ddefnyddio ystumiau a lluniau, a'u trafod mewn mwy nag un sefyllfa, bydd y plentyn yn dod i'w deall yn y pen draw. Ymhen amser, bydd y plentyn yn dechrau defnyddio iaith dysgu ei hun.

Gosod targedau ar gyfer Cyfunwyr wrth ddarllen llyfrau

Dylech chi barhau i osod targedau ar gyfer Cyfunwyr sy'n eu helpu i ddeall geiriau a syniadau'n well, yn ogystal â'u helpu i ddysgu cyfuno mwy o eiriau. Defnyddiwch ymadroddion sy'n cael eu hailadrodd mewn llyfrau i helpu eich plentyn i ddysgu dweud brawddegau dau neu dri gair y gall eu defnyddio mewn sgwrs bob dydd. Er enghraifft, mae ymadroddion fel 'Ble mae Smot?' (o'r gyfres Smot y Ci), yn enghraifft o ymadrodd sy'n cael ei ailadrodd dro ar ôl

Mae Alys yn mwynhau llyfr am ferch fach gyda chi sy'n hoffi cysgu ar y dodrefn. Ond mae mam y ferch yn dweud o hyd wrth y ci 'Cer lawr'.

tro a gall eich plentyn fwynhau dysgu ei ddweud. Unwaith eto, bydd eich targedau cyfathrebu ar gyfer eich plentyn yn dibynnu ar yr hyn y maen nhw wir eisiau siarad amdano. Defnyddiwch y canllawiau ym Mhennod 6, tudalennau 104–6 ('Syniadau ar gyfer Dewis Targedau'), i ddewis y mathau o gyfuniadau geiriau yr hoffech chi helpu eich plentyn i'w ddysgu. Os oes angen, newidiwch y geiriau yn y llyfr fel eich bod yn cynnwys y cyfuniadau geiriau hynny.

Targed mam Alys yw iddi ddweud 'Kobi ar (y gwely/soffa)' a 'Kobi lawr o'r (gwely/soffa)' felly mae hi'n newid y geiriau yn y llyfr er mwyn gwneud yn siŵr bod Alys yn clywed y brawddegau (gramadegol gywir) hyn sawl gwaith.

Ar ôl clywed ei mam yn ailadrodd y ddwy frawddeg drosodd a throsodd, mae Alys yn dechrau eu dweud ei hun.

Gosod y sylfeini ar gyfer darllen ac ysgrifennu

Mae profiad gyda llyfrau a straeon yn rhoi'r arfau sydd eu hangen ar blant i ddysgu darllen ac ysgrifennu. Maen nhw'n dysgu sut mae llyfrau'n gweithio – pan fyddwch chi'n darllen llyfr, byddwch chi'n troi'r tudalennau, byddwch yn darllen o'r chwith i'r dde ac mae ystyr i'r geiriau printiedig. Wrth ddarllen llyfrau, bydd plant yn aml yn clywed iaith nad yw'n cael ei defnyddio mewn sgwrs bob dydd, iaith fwy ffurfiol ac ychydig yn fwy cymhleth, sef **iaith llyfrau.** O glywed y math yma o iaith o oedran cynnar, bydd plant yn ei chael hi'n haws darllen llyfrau pan fyddan nhw'n hŷn.

Dangoswch i'ch plentyn fod geiriau ysgrifenedig yn 'siarad'

Mae llawer y gallwch chi ei wneud bob dydd i helpu eich plentyn i baratoi ar gyfer darllen ac ysgrifennu. Un o'r pethau pwysicaf yw dangos i'ch plentyn fod y geiriau ar y dudalen yn 'siarad.' Pan fydd eich plentyn yn y cyfnod Defnyddiwr Geiriau Cyntaf o ran ei dealltwriaeth o iaith, gallwch ddechrau defnyddio'r awgrymiadau canlynol. Ond byddan nhw o gymorth mawr hefyd pan fydd eich plentyn yn y cyfnod Cyfunwr o ran ei deall.

✦ **Pwyntiwch at y geiriau yn y llyfr wrth i chi eu darllen:** Rhedwch eich bys ar hyd y llinell wrth i chi ddarllen. Hefyd gallwch ddangos gair i'ch plentyn a allai fod o ddiddordeb i'r plentyn. Er enghraifft, os yw'n hoffi llyfrau Smot, dangoswch y gair Smot i'r plentyn a dweud 'Mae'r gair hwn yn dweud Smot', a pharhau i ddarllen.

✦ **Dangoswch eiriau diddorol yn y byd o'i hamgylch i'ch plentyn:** Pwyntiwch at eiriau ar arwyddion stryd ac adeiladau, er enghraifft, a dywedwch beth maen nhw'n ei ddweud. Dangoswch arwydd Stop a dywedwch wrth y plentyn ei fod yn dweud 'stop,' ac eglurwch pam ei fod yno. Dangoswch yr enw ar gyfer enw'r stryd lle rydych chi'n byw neu enw ei hoffi gaffi. Er enghraifft, 'Edrycha, mae'r arwydd yn dweud Stryd y Felin. Mae ein tŷ ni ar Stryd y Felin.' Dangoswch amlen gyda 'Stryd y Felin' arni a dywedwch wrth y plentyn ei bod yn dweud yr un peth â'r arwydd y tu allan.

✦ **Dangoswch i'ch plentyn sut mae geiriau ysgrifenedig yn 'siarad' yn eich tŷ chi:** Gadewch i'r plentyn eich gweld chi'n ysgrifennu rhestr o bethau sydd eu hangen arnoch o'r archfarchnad. Yna ewch â'r plentyn i'r archfarchnad a defnyddiwch y rhestr i'ch atgoffa beth sydd ei angen arnoch. Gadewch i'r plentyn eich helpu i wneud cerdyn pen-blwydd. Gofynnwch i'r plentyn beth mae eisiau ei ddweud ar y cerdyn ac ysgrifennwch ar ran y plentyn. Gadewch i'r plentyn sgriblo ar y cerdyn fel pe bai'r plentyn yn ysgrifennu ei enw. Helpwch y plentyn i deipio ei enw ar y cyfrifiadur a dangoswch i'r plentyn fod y gair hwnnw'n dweud enw'r plentyn. Pwyntiwch at y cyfarwyddiadau ar ei photel moddion a dywedwch, 'Mae'n dweud ysgydwch y botel ac yna rhowch un llwyaid i Mali.'

Mae hyn yn dweud 'Wedi mynd i'r parc' fel bod Dad yn gwybod ble rydyn ni.

Wedi mynd i'r parc.

Mae Mam yn darllen y nodyn i Carwyn er mwyn iddo ddeall y bydd y nodyn yn dweud wrth ei dad ble maen nhw.

Chwarae gyda geiriau

Mae chwarae gyda geiriau yn golygu gadael i'ch plentyn glywed sut y mae modd torri gair yn rhannau a'i roi yn ôl at ei gilydd eto. Dydy hyn ddim yn rhywbeth y mae angen i chi ei *ddysgu* i'ch plentyn ar hyn o bryd. Bydd y plentyn yn dysgu llawer dim ond trwy fwynhau gyda geiriau.

✦ **Canwch ganeuon ac adrodd rhigymau gyda rhythmau hwyliog:** Er enghraifft, 'Dau dderyn bach ar ben y to. Dyma Jim a dyma Jo. Cer i ffwrdd Jim, cer i ffwrdd Jo. Tyrd/Dere 'nôl Jim, tyrd/dere 'nôl Jo.' Mae plant yn mwynhau'r symudiadau sy'n cyd-fynd â chaneuon fel hyn ac yn fuan iawn, byddan nhw'n dod i ddeall bod geiriau fel 'to' a 'Jo' yn eiriau sy'n swnio'n debyg.

✦ **Cyfansoddwch rigymau am hwyl:** Chwiliwch am air sy'n odli â'ch enw neu enw eich plentyn. Gwnewch gêm ohoni. 'Ai Mam yw fy enw i ynte Ham?' 'Ai Aled yw dy enw, ynte Caled?'

✦ **Tynnwch sylw at synau sydd yr un fath:** 'Mae 'sgert' a 'sgidiau' yn dechrau gyda'r un sŵn. S-s-sgert a s-s-sgidiau. Rwyt ti'n gwisgo s-sgert a s-sgidiau.'

Anogwch eich plentyn i sgriblo a thynnu lluniau

Mae Cyfunwyr yn barod i ddechrau dal creonau a sgriblo ar bapur – cam pwysig tuag at ysgrifennu. Rhowch ddeunyddiau celf syml i'ch plentyn fel creonau trwchus a darnau mawr o bapur cryf fel y gall sgriblo a thynnu llun o beth bynnag maen nhw eisiau. Peidiwch â cheisio dangos iddyn nhw sut i dynnu llun neu sut i ffurfio llythrennau'r wyddor. Y peth pwysicaf yw i'ch plentyn ddod i arfer â dal creon a'i ddefnyddio i arbrofi. Rhowch luniau eich plentyn ar yr oergell neu ar y wal i bawb eu gweld. Bydd hyn yn eu hannog i wneud – a dysgu – mwy.

Mae darllen gyda'ch plentyn yn rhywbeth y bydd y ddau ohonoch yn ei fwynhau a bydd hynny'n ei helpu i ddysgu llawer am y byd. Ceisiwch ddarllen yn aml a darllen yr un llyfrau droeon. Mae hyn yn rhoi cyfle i'ch plentyn ddysgu o'r holl ailadrodd. I blentyn, mae darllen yr un llyfr dro ar ôl tro yn gwneud iddo deimlo fel hen ffrind. Mae'r cynefindra hwn yn rhoi'r hyder i'r plentyn i geisio ei mynegi ei hun. Ac mae darllen y llyfr gyda chi yn creu cysylltiad cryf rhwng llyfrau a bod yn agos atoch chi – cysylltiad all helpu eich plentyn i fwynhau llyfrau am weddill ei bywyd.

Symud ymlaen gyda cherddoriaeth

Mae plant wrth eu bodd â cherddoriaeth. Yn aml maen nhw eisiau clywed eu hoff ganeuon a rhigymau cerddorol dro ar ôl tro. I blant sy'n ei chael yn anodd dysgu iaith, mae cerddoriaeth yn ffordd arbennig o bwerus o gysylltu a chyfathrebu. Yn y bennod hon, byddwch yn dysgu sut i fanteisio i'r eithaf ar gerddoriaeth trwy ei gwneud yn rhan o fywyd pob dydd eich plentyn.

Hud cerddoriaeth

Mae cerddoriaeth yn dod ag iaith yn fyw. Trwy wneud dysgu iaith yn hwyl, gall cerddoriaeth helpu eich plentyn i gyfathrebu. Gall hefyd ei helpu mewn llawer o ffyrdd eraill, trwy ei dawelu, ei lonyddu ac ailgyfeirio ei sylw, a thrwy godi ei galon. Mae lle i gerddoriaeth trwy gydol diwrnod eich plentyn, o'r gân hapus rydych chi'n ei chanu iddo bob bore, i'r hwiangerdd gysurlon y mae'n ei chlywed wrth i chi'ch dau gofleidio amser gwely.

Peidiwch â phoeni os nad ydych chi'n 'gerddorol' neu os na allwch ganu mewn tiwn. Does dim ots gan eich plentyn pa mor dda rydych chi'n canu. I'r plentyn, mae cerddoriaeth yn ymwneud â hwyl a chreu cysylltiad â chi. Does dim rheolau ynghylch sut i ganu na pha ganeuon i'w canu. Canwch y caneuon a ganodd eich rhieni i chithau yn blentyn. Canwch ganeuon am brofiadau pob dydd eich plentyn – fel 'Seren Hapus, Seren Dlos' pan fyddwch chi'n edrych ar y sêr, neu 'Yr Olwynion ar y Bws' pan fyddwch chi'n teithio ar fws.

Canwch ganeuon pan fydd hi'n bwrw glaw neu eira, neu pan fydd yr haul yn gwenu.

Gallwch chi a'ch plentyn fwynhau gwahanol fathau o gerddoriaeth – nid dim ond caneuon plant ond pob math o gerddoriaeth glasurol a phoblogaidd. Wrth ddewis cerddoriaeth ar gyfer eich plentyn, ceisiwch ddod o hyd i ganeuon sy'n cael eu canu'n araf. Bydd hyn yn rhoi cyfle i'ch plentyn i glywed y geiriau'n iawn a hyd yn oed i ymuno yn y gân.

Efallai y bydd eich plentyn hefyd yn mwynhau teganau â batris neu deganau weindio sy'n chwarae cerddoriaeth. Ond fwy na thebyg bydd yn cael y mwynhad mwyaf o greu ei gerddoriaeth ei hun gydag offerynnau rydych chi'n eu prynu neu'n eu gwneud o bethau yn eich cartref. Gallwch ddefnyddio sosbenni neu focsys fel drymiau, a llwyau'n ffyn drymiau. Rhowch reis neu ffa mewn cynhwysydd bwyd caeedig y gall eich plentyn ei ysgwyd. Gwnewch yn siŵr eich bod chi'n gwneud un i chi eich hun fel y gallwch chi greu cerddoriaeth (a sŵn) gyda'ch gilydd!

Mae symud yn rhan naturiol o gerddoriaeth – ac mae plant wrth eu bodd yn symud. Ceisiwch wneud symud yn rhan o'ch gweithgareddau pob dydd. Canwch gân tra byddwch chi'n brasgamu i mewn i'r tŷ gyda'ch gilydd neu'n hopian i'r gegin i gael diod.

Wrth i'ch plentyn ddatblygu, bydd y mathau o ganeuon a rhigymau y mae'n eu mwynhau yn newid. Bydd y ffordd y mae'n ymateb i gerddoriaeth yn newid hefyd. Ewch i'r rhestr wirio ar dudalennau 164 a 165 i ddysgu sut y gall eich plentyn gymryd rhan mewn gweithgareddau cerddorol mewn gwahanol gyfnodau. Pan fyddwch chi wedi mynd trwy'r rhestr wirio, edrychwch ar yr adran ddilynol i weld awgrymiadau ar gyfer caneuon a rhigymau y gallai eu mwynhau. Yna, darllenwch weddill y bennod yma i weld sut i ddefnyddio cerddoriaeth i'w helpu i gyfathrebu hyd eithaf ei allu.

Mae llwy a sosban yn gwneud drwm perffaith fel y gallwch chi a'ch plentyn ganu a chreu eich cerddoriaeth eich hun gyda'ch gilydd.

Cymryd troeon gyda cherddoriaeth

Mae cerddoriaeth yn un o'r ffyrdd gorau o ddechrau rhyngweithio a chadw i fynd. Unwaith y bydd eich plentyn yn gwybod cân, mae'n gwybod beth sy'n mynd i ddod nesaf. Mae hynny'n ei helpu i wybod pryd a sut i gymryd ei dro.

Mae gallu eich plentyn i gymryd tro mewn gweithgareddau cerddorol yn datblygu dros amser:

- Yn y dechrau, pan fyddwch chi'n canu i'ch plentyn, bydd yn eich gwylio'n ofalus ac yn symud ei gorff i ddangos i chi ei fod yn hoffi'r gân.
- Yn nes ymlaen, bydd yn dechrau adnabod caneuon a rhigymau. Wrth i chi ddechrau cân, bydd yn cyffroi, yn gwenu, yn symud ei gorff, neu'n ymdawelu ac yn edrych arnoch chi.
- Ymhen amser, bydd yn dysgu cymryd tro trwy wneud un neu ddau o symudiadau'r gân, neu drwy wneud rhai synau a dweud geiriau. Efallai y bydd angen i chi ddangos iddo sut i wneud y symudiadau cyn iddo roi cynnig arnynt ei hun.
- Wrth i'w allu i gyfathrebu ddatblygu, bydd yn gallu cyfrannu fwyfwy at y gweithgaredd drwy gymryd troeon drwy gydol y gân gyda symudiadau, synau a geiriau.
- Ymhen amser, bydd yn gallu dechrau rhyngweithio trwy ofyn am gân neu rigwm penodol gyda sŵn, symudiad, gair neu arwydd.

Y cam cyntaf tuag at gymryd tro gyda cherddoriaeth yw dilyn arweiniad eich plentyn. Wynebwch ef a Gwylio, Disgwyl, a Gwrando i weld sut mae'n ymateb pan fyddwch chi'n creu cerddoriaeth gyda'r plentyn. Sylwch ar ei hwyliau. Os yw'n ddi-hwyl neu'n sâl, dewiswch gân dawel. Os yw'n llawn egni, canwch gân gyda llawer o synau a symudiadau hwyliog. Canwch ganeuon sy'n cyd-fynd â beth bynnag mae'ch plentyn yn ei wneud neu sy'n ei ddiddori. Ymatebwch ar unwaith i'w negeseuon, gan ddynwared ei symudiadau, ystumiau ei wyneb, ei synau a'i eiriau. Dehonglwch ei negeseuon, gan gynnwys os bydd yn gofyn i chi ganu'r gân eto, neu ganu cân arall.

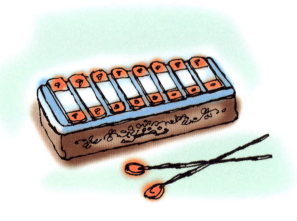

Ennyn rhyngweithiad trwy weithgaredd cerddorol

Unwaith y bydd eich plentyn yn gyfarwydd â chân neu rigwm, crëwch weithgaredd cerddorol a fydd yn rhoi digon o gyfleoedd iddo i gymryd tro. Defnyddiwch y strategaeth a welsoch ym Mhennod 5.

Dechreuwch y gweithgaredd cerddorol yr un ffordd bob tro. Os ydy eich plentyn yn gwybod y rhigwm 'Gee Ceffyl Bach', er enghraifft, eisteddwch, daliwch eich breichiau allan a dywedwch, 'Beth am i ni ganu 'Gee Ceffyl Bach!''

Cynlluniwch dro eich plentyn. Ar wahanol adegau yn y gân, gall eich plentyn gymryd ei dro:

- i ofyn am uchafbwynt (er enghraifft, cwympo i'r llawr ar ddiwedd 'Cylch o gylch rhosynnau ...'), neu ddweud y gair olaf mewn llinell
- i ofyn i chi ailadrodd y gân neu'r rhigwm
- i ddechrau rhyngweithiad trwy ofyn am gân neu rigwm penodol

Wrth gynllunio beth allai eich plentyn ei wneud neu ei ddweud i gymryd ei dro, cyfeiriwch at yr adran 'Dewis targedau cyfathrebu' ar dudalennau 98–106.

Addaswch y gweithgaredd i greu cyfle i'ch plentyn i gymryd tro. Canwch y geiriau'n arafach ac oedwch i roi gwybod i'ch plentyn fod ei dro wedi dod. Mae'n bwysig aros yn ddisgwylgar, fel y mae mam Robyn yn ei wneud:

Mae mam Robyn yn oedi cyn yr uchafbwynt ...   **... sy'n gadael i Robyn wybod y dylai gymryd ei dro os yw am iddi symud ymlaen i'r rhan hwyliog.**

Mae'n iawn ymddwyn ychydig yn wirion wrth addasu gweithgaredd cerddorol. Gwnewch gamgymeriad bwriadol ac yna arhoswch i'ch plentyn ddweud wrthych chi beth sy'n anghywir.

Os na fydd eich plentyn yn cymryd ei dro ar ôl i chi aros ychydig, rhowch giw iddo. Yna arhoswch eto. Os bydd yn dal heb gymryd tro, cymerwch y tro drosto a pharhau â'r gweithgaredd (i adolygu ffyrdd o roi ciw i'ch plentyn, ewch yn ôl i 'Rhoi ciw i'ch plentyn i gymryd ei dro' ym Mhennod 4, tudalen 54).

Ailadroddwch yr un symudiadau, synau a geiriau. Ailadroddwch y gân neu'r rhigwm dro ar ôl tro – dros sawl diwrnod neu wythnos – nes bod eich plentyn yn ei wybod yn dda ac yn gallu cymryd tro yn llwyddiannus.

Cadwch y gweithgaredd i fynd. Ar ddiwedd y gân neu'r rhigwm, stopiwch a Gwylio, Disgwyl a Gwrando i weld a ydy eich plentyn eisiau ei wneud eto. Os bydd yn gadael i chi wybod ei fod eisiau dal ati, dilynwch ei arweiniad a dechreuwch y gweithgaredd eto. Parhewch â'r gweithgaredd tra bydd eich plentyn yn ei fwynhau ac yn cymryd rhan weithredol. Os bydd eich plentyn wedi cael digon, dilynwch ei arweiniad a dywedwch 'Dim mwy o gerddoriaeth', neu 'Iawn. Rydyn ni wedi gorffen.'

Amlygu iaith mewn caneuon a rhigymau

Mae caneuon a rhigymau yn ffordd wych o ychwanegu iaith ar gyfer Cyfathrebwyr, Defnyddwyr Geiriau Cyntaf a Chyfunwyr. Wrth ganu 'Pen, ysgwyddau, coesau, traed' mae eich plentyn yn dysgu enwau rhannau o'i gorff. Mae 'Pori mae yr asyn' yn ei helpu i ddysgu enwau a synau anifeiliaid. Mae caneuon a rhigymau yn cynnwys geiriau gweithredu, fel *adeiladu* a *cysgu* yn 'Adeiladu tŷ bach'. Mae geiriau disgrifio ynddyn nhw hefyd, fel *hapus* yn 'Seren hapus, seren dlos', a geiriau lleoli, fel i *lawr* yn 'Cylch o gylch rhosynnau'.

Defnyddio'r pedwar canllaw

Mae yna ffyrdd o ganu i'ch plentyn sy'n ei helpu i gymryd tro a dysgu geiriau newydd. **Nid dim ond y gân rydych chi'n ei chanu sy'n bwysig, ond sut rydych chi'n ei chanu.** Dechreuwch trwy ddefnyddio'r pedwar canllaw.

Dweud llai: Caneuon byrrach gyda geiriau cyfarwydd sydd orau. Os oes gair anodd mewn cân neu air rydych yn credu na fydd eich plentyn yn ei ddeall, yna newidiwch ef. Er enghraifft, gallwch ganu 'Pen, a *breichiau*, coesau, traed ...' oherwydd bod *breichiau* yn air mwy cyfarwydd i'r rhan fwyaf o blant bach nag *ysgwyddau*. Gallwch hefyd roi enwau byrrach ar ganeuon i'w gwneud yn haws i'ch plentyn ofyn amdanyn nhw.

Pwysleisio geiriau pwysig: Helpwch eich plentyn i ddysgu geiriau pwysig mewn caneuon a rhigymau trwy wneud iddyn nhw sefyll allan. Canwch y geiriau ychydig yn arafach ac yn uwch, neu cymerwch saib cyn gair pwysig. Er enghraifft, gallech chi ganu 'Seren … hapus, seren … dlos.'

Arafu: Gwnewch hi'n haws i'ch plentyn ddysgu cân trwy ganu'n araf. Mae caneuon a rhigymau yn aml yn cael eu canu neu eu hadrodd mor gyflym fel nad yw plant yn cael cyfle i glywed y geiriau'n iawn. Mae arafu hefyd yn rhoi'r amser sydd ei angen ar eich plentyn i gymryd ei dro.

Dangos: Mae'r symudiadau sy'n rhan o ganeuon a rhigymau yn gymhorthion gweledol naturiol sy'n helpu eich plentyn i gymryd ei dro mewn tair ffordd:

Iawn. Mi gawn ni ganu cân y Llyffant.

Llyffant.

Bydd mam Bryn bob amser yn dechrau 'Cân y Llyffant' trwy ddweud enw'r gân a neidio, (sef uchafbwynt y gân). Fe wnaeth hynny helpu Bryn i ddysgu gofyn am y gân.

✦ **Mae cymhorthion gweledol yn dangos ystyr geiriau i'ch plentyn:**
Mae symudiadau'n gweithio'n dda iawn fel cymhorthion gweledol, fel pan fyddwch yn *cwympo* i *lawr* yn 'Cylch o Gylch Rhosynnau', a *throi a throi* eich dwylo yn 'Yr Olwynion ar y Bws.' Mae gwneud symudiadau wrth ganu'r geiriau yn helpu eich plentyn i ddysgu ystyr y geiriau.

Ribidires ribidires i fewn i'r arch â nhw Ribidires ribidires i fewn i'r arch â nhw.

Soch soch!

Mae tad Siôn yn defnyddio pypedau i helpu Siôn i ddysgu enwau anifeiliaid a'r synau maen nhw'n eu gwneud.

Mae lluniau a gwrthrychau yn fath arall o gymorth gweledol: Er enghraifft, gallech chwarae gyda bws tegan wrth ganu 'Yr Olwynion ar y Bws', neu gydag anifeiliaid tegan wrth ganu 'Pori mae yr Asyn.' Mae pypedau'n gymhorthion gweledol hwylus hefyd ac yn aml mae plant wrth eu bodd yn eu defnyddio. Gall y pyped gyd-ganu â chi a helpu eich plentyn i ddysgu rhai o'r geiriau a'r symudiadau yn y gân.

✦ **Mae cymorthion gweledol yn helpu eich plentyn i ddechrau rhyngweithio:** Unwaith y bydd eich plentyn yn gyfarwydd â chymorth gweledol a'r gân sy'n cyd-fynd ag ef, gadewch y cymorth gweledol mewn man lle gall y plentyn ei weld. Gall ddechrau rhyngweithio trwy godi tegan neu lun i ddweud wrthych chi ei fod eisiau clywed neu ganu cân benodol.

✦ **Mae cymhorthion gweledol yn helpu eich plentyn i ddeall cwestiynau dewis:** Hyd nes y gall eich plentyn ofyn am gân ei hun, rhowch ddewis o ddwy gân iddo. Er enghraifft, os yw'ch plentyn yn Gyfathrebwr, dangoswch iddo luniau o bry copyn a bws, yr ydych wedi'u defnyddio o'r blaen wrth ganu 'Y Pry Copyn' ac 'Yr Olwynion ar y Bws.' Yna gofynnwch, 'Wyt ti eisiau canu 'Y Pry Copyn' neu 'Yr Olwynion ar y Bws?'' – dewch â'r lluniau o'r pry copyn a'r bws yn nes at eich plentyn wrth i chi ddweud y geiriau. Yna canwch y gân y mae'r plentyn yn ei dewis.

Rhowch ddewis o ddwy gân i'ch plentyn gan ddefnyddio lluniau mae wedi'u gweld o'r blaen: 'Wyt ti eisiau canu 'Y Pry Copyn' neu 'Yr Olwynion ar y Bws'?'

Cyfansoddi caneuon yn arbennig ar gyfer eich plentyn

Y caneuon gorau yn aml yw'r rhai rydych chi'n eu cyfansoddi yn arbennig ar gyfer eich plentyn. Ffordd hawdd o wneud hyn yw cynnwys enw eich plentyn mewn cân gyfarwydd. Gallwch hefyd greu caneuon am yr hyn y mae eich plentyn yn ei wneud neu'r hyn y mae'n ei fwynhau. Y cyfan sydd angen i chi ei wneud yw newid rhai o eiriau cân rydych chi'n ei gwybod. Unwaith y byddwch wedi creu cân, gallwch ei defnyddio mewn llawer o wahanol ffyrdd. Gallwch ei droi'n weithgaredd cerddorol i helpu eich plentyn i orffen tasg. Gallwch chi ei chanu a chymryd tro. Gallwch chi bwysleisio rhai geiriau i helpu eich plentyn i ddysgu geiriau newydd. Gallwch hyd yn oed ddefnyddio'r gân i wneud sefyllfa'n llai o straen.

> Ble mae Trilliw?
> Ble mae Trilliw?
> Miaow, miaow, miaow!
> Miaow, miaow, miaow!
> Ty'd i chwarae.
> Ty'd i chwarae.
> Rŵan hyn!

Mae mam Bryn wedi benthyca alaw 'Frère Jacques,' i gyfansoddi cân sy'n cyd-fynd â'r hyn mae Bryn yn ei wneud nawr – chwilio am ei gath, Trilliw.

> Dyma sut mae gwregys yn cau, gwregys yn cau, gwregys yn cau Dyma sut mae gwregys yn cau. Clic, clic, clic!

Mae'n gas gan Hanifa gael ei chau yn ei sedd yn y car, felly mae ei thad wedi cyfansoddi cân am hyn ar alaw 'Here We Go Round the Mulberry Bush.'

Sut i gyfansoddi cân

- Dewiswch alaw gyfarwydd, syml neu cyfansoddwch eich alaw eich hun. Dyma ychydig o rai cyfarwydd: 'Mi welais Jac y Do,' 'Dau gi bach', 'Frère Jacques'.
- Lluniwch gân am bethau sy'n gyfarwydd neu'n ddiddorol i'ch plentyn.
- Gwnewch yn siŵr nad oes mwy na 10–20 o eiriau gwahanol yn eich cân.
- Dewiswch eiriau ystyrlon, defnyddiol y mae eich plentyn yn eu deall.
- Rhowch y geiriau a ddewiswyd gennych yn dargedau cyfathrebu ar ddiwedd llinellau'r gân. Dyma'r lle hawsaf iddo gymryd tro a dweud (neu arwyddo) y gair.
- Ychwanegwch symudiadau syml i'r gân.

Cerddoriaeth mewn gwahanol gyfnodau

Cerddoriaeth gyda Darganfyddwyr

Mae'r rhythm, yr alaw a'r symud sy'n rhan annatod o ganeuon a rhigymau yn dal sylw Darganfyddwyr. Mae gweithgareddau cerddorol yn un o'r ffyrdd gorau o ddechrau rhyngweithio â phlant yn y cyfnod hwn. Dewiswch adeg pan fydd eich plentyn yn dawel, yn effro ac yn barod i sgwrsio. Wrth i chi ganu iddo, edrychwch i fyw ei lygaid a chanwch yn llawn hwyl gyda llawer o ystumiau wyneb fel ei fod yn gwybod eich bod yn canu iddo. Gwyliwch, disgwyliwch a gwrandewch a dynwaredwch ei synau a'i symudiadau os yw'n ymateb. Unwaith y bydd yn gwybod cân neu rigwm yn ddigon da i wybod beth yw'r cam nesaf, cymerwch saib ychydig cyn yr uchafbwynt neu ar y diwedd ac arhoswch iddo ymateb mewn rhyw ffordd. Rhowch ddigon o amser iddo. Cadwch gyswllt llygad a rhowch giw iddo trwy ystum eich wyneb a'ch corff tra byddwch yn cyfrif yn dawel i 5.

Dehonglwch unrhyw beth y mae'n ei wneud fel tro. Efallai bydd yn anadlu'n gyflymach, yn cicio ei draed, yn gwenu, yn gwingo neu'n gwneud sŵn. Ymatebwch ar unwaith a daliwch ati i ganu er mwyn ei helpu i wneud y 'cyswllt cyfathrebu' – fel y bydd yn dysgu y gall yr hyn y mae'n ei wneud wneud i bethau ddigwydd. Ychwanegwch iaith trwy wneud sylwadau fel 'Rwyt ti eisiau canu 'Heno Heno Hen Blant Bach' eto, dwyt?' neu 'Rwy'n meddwl dy fod ti wedi cael digon o 'Pi-po'.'

Wrth i fam Martha gymryd saib yn union cyn uchafbwynt y rhigwm, mae'n rhoi cyfle i Martha i gymryd tro a gwneud y cyswllt cyfathrebu.

Cerddoriaeth gyda Chyfathrebwyr

Mae Cyfathrebwr yn mwynhau caneuon gyda symudiadau, fel clapio neu siglo'n ôl ac ymlaen. Efallai bydd eich plentyn yn hymian neu wneud synau pan fyddwch yn canu iddo. Efallai bydd yn bownsio neu siglo i'r gerddoriaeth. Efallai bydd yn cymryd rhan trwy wneud yr un symudiadau â chi. Gwell fyth, efallai bydd yn gwneud y symudiadau neu'r synau pan fyddwch chi'n cymryd saib ac yn aros iddo gymryd tro.

Dyma rai targedau cyfathrebu ar gyfer Cyfathrebwyr:

- gofyn am uchafbwynt cân neu rigwm
- gofyn am i gân neu rigwm barhau neu gael ei chanu eto
- ychwanegu symudiad neu sŵn coll
- gofyn am gân benodol gan ddefnyddio sŵn neu gymorth gweledol

Y ffordd orau i helpu Cyfathrebwr i gymryd rhan mewn cân yw gadael iddo ychwanegu symudiad neu sŵn ar ddiwedd llinell. Wrth benderfynu ar y math yma o darged cyfathrebu, dewiswch sŵn neu symudiad sy'n ddiddorol, yn ddefnyddiol ac yn hwyl ei ddysgu. Er enghraifft, os byddwch yn cymryd saib cyn y gair 'goglais' yn y rhigwm 'Siani Flewog', gall wneud sŵn neu hyd yn oed ddweud 'go.' Byddai hwn yn gam cyntaf gwych tuag at ddysgu'r gair. Cofiwch, pan fyddwch chi'n cymryd saib i adael i'ch plentyn ychwanegu'r symudiad neu'r sŵn, efallai y bydd angen i chi aros am rai eiliadau. Os na fydd yn cymryd tro, cymerwch ei dro drosto a gorffennwch y gân.

Cylch o gylch rhosynnau
Poced lawn o flodau
atisiw, atisiw,
I lawr â ni.

Law!

Targed cyfathrebu Bethan yw gwneud sŵn sy'n cynrychioli 'lawr' yn 'Cylch o Gylch Rhosynnau'. Cyn gynted ag y mae Bethan yn ychwanegu'r gair coll, mae pawb yn cwympo ar y llawr.

Jac-yn-y-bocs
Yn eistedd yn dawel,
Wyt ti'n dod allan i
neidio ...

Yn uchel!

Targed cyfathrebu Jamie yw ychwanegu'r 'naid' ar ddiwedd y rhigwm. Mae wedi dysgu gwneud hyn yn dda!

Cerddoriaeth gyda Defnyddwyr Geiriau Cyntaf

Efallai y bydd Defnyddiwr Geiriau Cyntaf yn gallu gofyn am ganeuon yn ôl eu henwau, gan ddefnyddio un gair. Mae'n dechrau cysylltu caneuon â'i brofiadau a'i weithgareddau pob dydd. Os ydy eich plentyn yn dechrau chwarae esgus, gallwch chi esgus gydag ef wrth ganu caneuon ac adrodd rhigymau – er enghraifft, esgus gyrru bws wrth ganu 'yr Olwynion ar y Bws'.

Targed cyfathrebu ar gyfer Defnyddiwr Geiriau Cyntaf fyddai iddo gymryd tro i wneud un o'r pethau canlynol:

- gofyn am i'r gerddoriaeth barhau neu am i'r gân gael ei chanu eto
- ychwanegu gair coll ar ddiwedd llinell
- dechrau rhyngweithio i ddweud wrthych beth mae am ei ganu

I gymryd y tro hwn, dylai ddefnyddio gair (neu arwydd neu lun). Wrth benderfynu ar ei darged cyfathrebu, dewiswch air sy'n ddiddorol, yn ddefnyddiol ac yn hwyl ei ddysgu. Ceisiwch feddwl am eiriau y gall eu defnyddio mewn sefyllfaoedd eraill, fel troi yn 'Troi ein dwylo.' Gwnewch yn siŵr bod eich plentyn yn gyfarwydd â'r gân a'r gair rydych chi'n disgwyl iddo ei ddweud.

Targed cyfathrebu Siôn yw dweud y gair 'seren'. Mae ei fam yn pwyntio at sêr go iawn ac yna'n aros iddo ychwanegu'r gair.

Cerddoriaeth gyda Chyfunwyr

Mae Cyfunwr yn dechrau canu go iawn ac efallai y bydd yn gallu canu rhai o rannau ailadroddus cân. Mae'n dechrau defnyddio caneuon a rhigymau wrth chwarae esgus. Er enghraifft, efallai y bydd yn gwneud i'w anifeiliaid tegan ddawnsio i'r gerddoriaeth. Gallwch chi helpu eich plentyn i ddefnyddio caneuon i chwarae esgus, fel y mae tad Gruff yn ei wneud.

Gall targedau cyfathrebu ar gyfer Cyfunwyr gynnwys defnyddio ymadroddion dau neu dri gair i wneud un o'r pethau hyn:

- gofyn am i weithgaredd cerddorol barhau
- ychwanegu dau neu dri gair sy'n dod ar ddiwedd llinell
- dechrau rhyngweithiad trwy siarad am gân neu rigwm, neu ofyn amdano

Defnyddiwch ganeuon neu rigymau i helpu eich plentyn i ddysgu amrywiaeth o eiriau. Er enghraifft, os ydych chi am ei helpu i ddysgu mwy o eiriau gweithredu – fel hopian, bwyta neu neidio – yna gwnewch y rhain yn rhan o'ch targedau. Efallai y byddwch am helpu eich plentyn i ddysgu geiriau i ddisgrifio pethau – fel mawr, bach neu ddoniol. Os na allwch chi ddod o hyd i gân sy'n defnyddio'r geiriau hyn, cyfansoddwch gân eich hun.

Mae tad Gruff yn ei annog i ddefnyddio ei ddychymyg a meddwl am y pry copyn yn y gân.

Mae mam Alys wedi creu cyfle i Alys ychwanegu'r geiriau ar ddiwedd y llinell. Ar yr un pryd mae Alys yn dysgu gair gweithredu newydd.

Taro'r nodyn

Bydd y rhestr wirio hon yn eich helpu i ddysgu sut i ddefnyddio caneuon a rhigymau i helpu eich plentyn i gyfathrebu a dysgu iaith. Mae pob gosodiad yn y rhestr yn disgrifio un ffordd y gall plentyn gymryd rhan mewn gweithgareddau cerddorol. Wrth i chi ddarllen y gosodiadau, wrth ymyl pob un rhowch rif i nodi pa mor aml mae eich plentyn yn gwneud y pethau hyn.

1 = Aml
2 = Weithiau
3 = Anaml

Darganfyddwyr:

____ Mae fy mhlentyn yn ymateb i gerddoriaeth trwy ymdawelu.

____ Mae fy mhlentyn yn ymateb i gerddoriaeth trwy symud fwy (er enghraifft, cicio ei draed) neu wneud synau.

____ Mae fy mhlentyn yn gwylio fy wyneb pan fyddaf yn canu iddo.

____ Mae fy mhlentyn yn gwneud synau pan fyddaf yn canu iddo.

____ Mae fy mhlentyn yn ymateb mewn rhyw ffordd pan fyddaf yn cymryd saib, yn edrych arno ac yn aros ar ôl i gân ddod i ben.

Cyfathrebwyr:

____ Mae fy mhlentyn yn gwneud symudiadau caneuon gyda mi, fel curo dwylo neu syrthio ar y llawr (yn 'Cylch o Gylch Rhosynnau').

____ Mae fy mhlentyn yn chwarae offerynnau tegan – er enghraifft, mae'n curo drwm tegan.

____ Mae fy mhlentyn yn canu gyda mi trwy wneud synau syml fel 'ba,' 'ma' neu 'da.'

____ Mae fy mhlentyn yn dynwared synau a phatrymau sain mewn caneuon a rhigymau.

____ Mae fy mhlentyn yn symud ei gorff i'r gerddoriaeth.

____ Mae fy mhlentyn yn defnyddio sŵn neu symudiad i ofyn am i weithgaredd cerddorol barhau neu i ofyn am yr uchafbwynt.

____ Mae fy mhlentyn yn cymryd tro mewn cân neu rigwm trwy ychwanegu symudiad neu sŵn coll.

Defnyddwyr Geiriau Cyntaf:

____ Mae fy mhlentyn yn defnyddio'r geiriau 'mwy' neu 'eto' i ofyn i mi ganu cân eto.

____ Mae fy mhlentyn yn enwi cân y mae'n ei chlywed – gydag un gair.

____ Mae fy mhlentyn yn gofyn am gân neu rigwm gan ddefnyddio gair penodol, fel 'Heno' ar gyfer 'Heno, Heno, Hen Blant Bach.'

____ Mae fy mhlentyn yn ychwanegu gair neu arwydd coll sy'n dod ar ddiwedd llinell yn y gân neu'r rhigwm.

____ Mae fy mhlentyn yn chwarae offerynnau tegan i gyd-fynd â cherddoriaeth.

Cyfunwyr:

____ Mae fy mhlentyn yn cymryd tro gyda dau air neu fwy mewn gweithgareddau cerddorol. Er enghraifft, efallai y bydd yn dweud 'Mwy Bws.'

____ Mae fy mhlentyn yn ychwanegu dau neu dri gair coll ar ddiwedd llinell mewn cân. Er enghraifft, os byddaf yn canu 'Adeiladu tŷ bach' bydd fy mhlentyn yn dweud 'Un, dau, tri.'

____ Mae fy mhlentyn wedi dechrau canu mewn tiwn.

____ Mae fy mhlentyn yn canu caneuon iddo'i hun gan ddweud un neu ddau o eiriau'n glir.

____ Mae fy mhlentyn yn cysylltu caneuon a rhigymau â gweithgareddau a phrofiadau bob dydd. Er enghraifft, os ydy'n bwrw glaw, efallai y bydd yn dweud 'Bwrw Glaw (yn sobor iawn).'

Caneuon a rhigymau poblogaidd ar gyfer plant

Mae'r math o ganeuon a rhigymau y mae eich plentyn yn eu mwynhau yn newid wrth iddo ddatblygu. Mae'r caneuon a'r rhigymau isod yn dechrau â'r rhai hynny y mae plant yn eu mwynhau pan fyddan nhw'n dechrau cyfathrebu.

Gee Ceffyl Bach

(Rhowch eich plentyn i eistedd ar eich glin a gafaelwch yn ei freichiau neu ei ddwylo.)
Gee Ceffyl bach yn cario ni'n dau *(Bownsiwch ef ar eich glin).*
Dros y mynydd i hela cnau,
Dŵr yn yr afon a'r cerrig yn slic ... *(Cymerwch saib)* ...
(Gadewch i'r plentyn gwympo'n ôl gan ddal eich gafael ynddo.)
Cwympon ni'n dau, a dyna chi dric!

Heno, Heno, Hen Blant Bach

Heno, heno, hen blant bach,
Heno, heno, hen blant bach,
Dima, dima, hen blant bach,
Dima, dima, hen blant bach.

Gwely, gwely, hen blant bach,
Gwely, gwely, hen blant bach;
Dima, dima, dima, hen blant bach,
Dima, dima, dima, hen blant bach.

Cysgu, cysgu, hen blant bach ... *ac ati*

Mi Welais Jac y Do

Mi welais Jac y Do
Yn eistedd ar ben to,
Het wen ar ei ben
A dwy goes bren,
Ho ho ho ho ho ho!

Dau Gi Bach

Dau gi bach yn mynd i'r coed
Esgid newydd ar bob troed,
Dau gi bach yn dwad adre
Wedi colli un o'u sgidie.
Dau gi bach!

Siani Flewog

Siani Flewog, Siani Flewog,
ble'r ei di?
Dringo'i fyny ar dy ysgwydd
i dy gosi di!

Cân y Llyffant

Llyffant sy'n dod, neidio mewn i'r llyn,
Llyffant sy'n dod, neidio mewn i'r llyn,
Llyffant sy'n dod, neidio mewn i'r llyn,
Hop, hop, hop, hop hop.

Tonnau sy'n dod, torri ar y traeth,
Tonnau sy'n dod, torri ar y traeth,
Tonnau sy'n dod, torri ar y traeth,
Sblash, sblash, sblash.

Pen, Ysgwyddau, Coesau, Traed

Pen, ysgwyddau, coesau, traed, coesau, traed;
Pen, ysgwyddau, coesau, traed, coesau, traed;

Llygaid, clustiau, trwyn a cheg ...

Pen, ysgwyddau, coesau, traed, coesau, traed.

Helpwch eich plentyn i ddysgu enwau rhannau'r corff trwy gyffwrdd â'r rhannau hynny wrth ganu'r enwau.

Y Pry Copyn

Dringodd y pry copyn i fyny'r biben hir,
(Rhowch eich bysedd at ei gilydd i esgus bod y pry copyn yn dringo i fyny.)
Glaw mawr a ddaeth a'i olchi nôl i'r tir.
(Codwch eich dwylo a'u gostwng yn sydyn i esgus bod y glaw yn disgyn.)
Yna daeth yr haul a sychu'r glaw i gyd,
(codwch eich breichiau mewn cylch uwch eich pen i ddangos yr haul.)
A dringodd y pry copyn y biben ar ei hyd.
(Rhowch eich bysedd at ei gilydd i esgus bod y pry copyn yn dringo i fyny.)

Yr Olwynion ar y Bws

Mae'r olwynion ar y bws yn troi a throi, *(Trowch eich dwylo.)*
Troi a throi, troi a throi,
Mae'r olwynion ar y bws yn troi a throi,
Drwy'r holl dref.

Penillion:
- Mae'r corn ar y bws yn mynd 'Bîp bîp bîp!' … *(esgus canu corn.)*
- Mae'r weipars ar y bws yn mynd 'Swish, swish, swish….' *(symudwch eich dwylo o'r naill ochr i'r llall ac yn ôl fel weipars bws).*
- Mae'r plant ar y bws yn mynd lan a lawr … *(codwch ac eisteddwch sawl gwaith).*

Llyfryddiaeth

Bonifacio, S., Girolametto, L., Bulligan, M., Callegari, M., Vignola, S. & Zocconi, E. (2007). Assertive and responsive conversational skills of Italian-speaking late talkers. *International Journal of Language and Communication Disorders*, *42*(5), 607-623.

Bredin-Oja, S. L. & Fey, M.E. (2014). Children's responses to telegraphic and grammatically complete prompts to imitate. *American Journal of Speech-Language Pathology*, *23*(1), 15-26.

Brady, N., Warren, S.F. & Sterling, A. (2009). Interventions aimed at improving child language by improving maternal responsivity. *International Review of Research in Mental Retardation*, *37*, 333-357.

Cable, A.L., & Domsch, C. (2010) Systematic review of the literature on the treatment of children with late language emergence. *International Journal of Language and Communication Disorders*, *46*(2) 138-154.

Carpenter, M., Tomasello, M. & Striano, T. (2005). Role reversal imitation and language in typically developing infants and children with autism. *Infancy*, *8*(3), 253–278.

Cleave, P.L., Becker, S.D., Curran, M.K., Owen Van Horne, A.J., Fey, M.E. (2015). The efficacy of recasts in language intervention: A systematic review and meta-analysis. *American Journal of Speech Language Pathology*, *24*(2), 237-255.

Davis, T.N., Lancaster, H.S., & Camarata, S. (2015) Expressive and receptive vocabulary learning in children with diverse disability typologies. *International Journal of Developmental Disabilities*, *0*(0), 1-12.

Fantasia, V., Fasulo, A., Costall, A., & Lopez, B. (2014). Changing the game: exploring infants' participation in early play routines. *Frontiers in Psychology*, *5*, 1-9.

Girolametto, L. (1988). Improving the social-conversational skills of developmentally delayed children: An intervention study. *Journal of Speech and Hearing Disorders*, *53*, 156-167.

Girolametto, L., Pearce, P. & Weitzman, E. (1996a). The effects of focused stimulation for promoting vocabulary in children with delays: A pilot study. *Journal of Childhood Communication Development*, *17*, 39-49.

Girolametto, L., Pearce, P. & Weitzman, E. (1996b). Interactive focused stimulation for toddlers with expressive vocabulary delays. *Journal of Speech and Hearing Research*, *39*, 1274-1283.

Girolametto, L., Pearce, P. & Weitzman, E. (1997). Effects of lexical intervention on the phonology of late talkers. *Journal of Speech, Language and Hearing Research*, *40*, 338-348.

Girolametto, L., Tannock, R. & Siegel, L. (1993). Consumer-oriented evaluation of interactive language intervention. *American Journal of Speech-Language Pathology, 2*, 41-51.

Girolametto, L., Weitzman, E., & Clements-Baartman, J. (1998). Vocabulary intervention for children Down syndrome: Parent training using focused stimulation. *Infant-Toddler Intervention: A Transdisciplinary Journal, 8*(2), 109-126.

Igualada, A., Bosch, L. & Prieto, P. (2015) Language development at 18 months is related to multimodal communicative strategies at 12 months. *Infant Behavior and Development, 39*, 42-52.

Law, J., Garrett, Z. & Nye, C. (2004). The efficacy of treatment for children with developmental speech and language delay/disorder: A meta-analysis. *Journal of Speech, Language and Hearing Research, 47*(4), 924-943.

Levickis, P., Reilly, S., Girolametto, L., Ukoumunne, O.C. & Wake, M. (2014). Maternal behaviors promoting language acquisition in slow-to-talk toddlers: Prospective community-based study. *Journal of Developmental & Behavioral Pediatrics, 35*, 274-281.

Lloyd, C.A. & Masur, E.F. (2014). Infant behaviors influence mothers' provision of responsive and directive behaviors. *Infant Behavior & Development, 37*, 276-285.

Goldin-Meadow, S. (2005). Gesture is at the cutting edge of early language development. *Cognition, 96*, B101-B113.

Pollard-Durodola, S.D., Gonzalez, J.E., Simmons, D.C., Oiman, K., Taylor, A.B., Davis, M.J. et al. (2011). The effects of an intensive shared book-reading intervention for preschool children at risk for vocabulary delay. *Exceptional Children, 77*(2), 161-183.

Rezzonico, S., de Weck, G., Orvig, A.S., Genest, C.D.S. & Rahmati, S. (2013). Maternal recasts and activity variations: A comparison of mother-child-dyads involving children with and without SLI. *Clinical Linguistics & Phonetics, 28*(4), 223-240.

Warren, S.F. & Brady, N.C. (2007). The role of maternal responsivity in the development of children with intellectual disabilities. *Mental Retardation and Developmental Disabilities Research Reviews, 13*, 330-338.

Weisleder, A. & Fernald, A. (2013). Talking to children matters: Early language experience strengthens processing and builds vocabulary. *Psychological Science, 24*(11), 2143-2152.

Wong, T.P., Moran, C., & Foster-Cohen, S. (2012). The effects of expansions, questions and cloze procedures on children's conversational skills. *Clinical Linguistics & Phonetics, 26*(3) 273-287.

Canolfan Hanen

Ein Gweledigaeth Ni

Mae Canolfan Hanen yn sicrhau bod digon o ddarpariaeth o weithwyr sydd â'r wybodaeth a'r hyfforddiant anghenrheidiol i helpu plant ifanc i ddatblygu eu sgiliau iaith a lleferydd a chymdeithasol gorau posib.

Rydym yn gwneud hyn drwy:

- greu rhaglenni sy'n dysgu rhieni a gofalwyr eraill sut i hyrwyddo datblygiad ieithyddol plant mewn gweithgareddau o ddydd i ddydd;

- hyfforddi therapyddion iaith a lleferydd i gynnal rhaglenni Hanen ac i ddefnyddio dull Hanen sy'n canolbwyntio ar sut i ymgorffori'r rhaglenni ym mywyd o ddydd i ddydd y plentyn, gan weithio gyda theuluoedd, athrawon a chymorthyddion;

- hyfforddi gweithwyr proffesiynol o fewn y gymuned i arwain rhaglenni i rieni plant sy'n debygol o fod angen help;

- rhannu gwybodaeth gyda gweithwyr proffesiynol sy'n cefnogi rhieni ac ymdrechion athrawon a chymorthyddion i roi'r dechrau gorau mewn bywyd i blant;

- datblygu deunyddiau dysgu rhagorol, hawdd eu defnyddio;

- arwain ymchwil yn ein maes.